A América Latina existe?

A América Latina existe?

Darcy Ribeiro

organização e apresentação
Eric Nepomuceno

BIBLIOTECA
BÁSICA
LATINOAMERICANA

BIBLIOTECA
BÁSICA
LATINOAMERICANA

Biblioteca Básica Latino-Americana - número 1
A América Latina existe? - Darcy Ribeiro

Asessoria jurídica: **Ana Luísa Chafir**

Projeto gráfico: **Pablo Marchant**

ISBN **978-85-63574-02-2**

Outubro de 2021

BIBLIOTECA BÁSICA LATINO-AMERICANA

A partir de seus anos de exílio, Darcy Ribeiro tomou para si — e nunca mais largou — a tarefa de pensar a América Latina e a inserção do Brasil nesse continente essencial. Sua ação sempre se deu como intelectual, como político e como cidadão do mundo. No início da década de 1960, já tentara implantar a Biblioteca Básica Brasileira — BBB, que reunia obras fundamentais para a reflexão da formação do Brasil e, ao final dos anos 1980, montou a Biblioteca Latino-Americana no Memorial da América Latina, na cidade de São Paulo.

Darcy Ribeiro sempre fez de suas buscas um modo de agrupar e disseminar saberes e conhecimentos. A Fundação Darcy Ribeiro, em continuidade a esse sonho, decidiu por empreender a Biblioteca Básica Latino-Americana — BBLA, iniciando a publicação de seus primeiros livros neste ano que antecede as comemorações do centenário de nascimento de Darcy Ribeiro, em 2022.

A proposta da coleção é realizar o mapeamento, a apresentação, a reflexão e o estímulo à criação sobre a cultura e o pensamento latino-americano, através da publicação de livros de ensaios de importantes pensadores e artistas do continente. O objetivo consiste em alcançar um público amplo, por meio de livros com conteúdo de qualidade, em edições atrativas e bem-cuidadas, que terão versão em português, espanhol e inglês e publicação em diversos países.

Para uma tarefa de tal magnitude, complexidade e responsabilidade, convidamos renomados intelectuais latino-americanos, alguns deles amigos pessoais de Darcy Ribeiro, para compor o Conselho Curador da Coleção, que estabeleceram critérios básicos a serem seguidos pela BBLA:

— *Buscar a síntese entre o foco e a difusão da cultura Latino-Americana, o presente e o crescente;*

— *Identificar as semelhanças na multiplicidade de povos, formações e expressões e tentar construir um corpo comum a partir da proveniência dos nomes, conceitos e saberes latino-americanos;*

— *Estabelecer diálogo com as diversidades culturais dos povos transplantados, povos novos, povos testemunho, fluxos migratórios, populações compostas, minorias, alteridades radicais e periféricas no embate do processo civilizatório*

— *Apresentar por meio de ensaios, contos, poesia, entrevistas, temas relacionados à antropologia, sociologia, filosofia, literatura, teatro, conteúdos que expressem a maior quantidade de interseções culturais.*

Sabemos da complexidade e diversidade dos temas a serem abordados, assim como dos obstáculos a serem superados para se constituir um corpo de saberes e prazeres, consistente e relevante para o público leitor. Esse é o nosso maior desafio!

Esta coleção é uma obra coletiva, fruto do trabalho de uma equipe editorial comprometida com o propósito de semear e disseminar saberes produzidos nesse imenso continente latino-americano. É também uma obra viva, em movimento, que vai integrando autores e protagonistas à medida que incorpora novas abordagens, temas e questões cada vez mais contemporâneas e candentes.

Agradecemos aos conselheiros curadores que generosamente aceitaram o desafio de pensar e orientar esta coleção, aos autores por acreditarem no projeto, à equipe editorial que, como diria Darcy, trabalha com muita determinação para plantar no chão do mundo essas sementes, e às editoras, pela colaboração em empreender este projeto. A todos, e a você leitor, muito obrigado por apoiar a Fundação Darcy Ribeiro.

Trazer a público esta coleção é atualizar os debates em torno da América Latina e refletir sobre esse encantamento necessário, ainda por consolidar, de integração da América Ibérica ao sonho de criação do bloco latino-americano. Esta é, sem dúvida, a função mais essencial desta Biblioteca Básica Latino-Americana.

José Ronaldo A. Cunha
Fundação Darcy Ribeiro
Presidente

BBLA, A UTOPIA É AQUI

NÚMEROS PUBLICADOS

1. *A América Latina existe?*, de Darcy Ribeiro – org. e apres. de Eric Nepomuceno (novembro de 2021)

2. *América Latina, um povo em marcha*, de Ángel Rama – org. e apres. de Facundo Gómez (dezembro de 2021)

3. *O idioma da crítica*, de Horacio González – org. e apres. de Eduardo Rinesi (janeiro de 2022)

4. *O voo do Tukui*, de Ana Pizarro – org. de Rocío Casas, apres. de Hugo Achugar (fevereiro de 2022)

5. *Améfrika Ladina*, de Lélia González – org. e apres. de Melina de Lima (março de 2022)

6. *O direito ao delírio*, de Eduardo Galeano – org. de Sergio Cohn, apres. de Eric Nepomuceno (abril de 2022)

7. *Desenhos das letras latino-americanas*, de Saúl Sosnowski – org. e apres. de Roxana Patiño (maio de 2022)

8. *A arte interessada*, de Mário de Andrade – org. de Sergio Cohn e André Magnelli, apres. de André Magnelli (junho de 2022)

9. *Padrões e dilemas*, de Florestan Fernandes – org. e apres. de Gabriel Cohn (julho de 2022)

10. *Modos de vida civil*, de Gabriel Cohn – apres. de Eduardo Rinesi (novembro de 2022)

SUMÁRIO

11 | APRESENTAÇÃO, POR ERIC NEPOMUCENO

29 | MINHAS PELES

39 | FASCINAÇÃO

45 | EXÍLIO

67 | A AMÉRICA LATINA EXISTE?

83 | TIPOLOGIA POLÍTICA LATINO-AMERICANA

121 | CIVILIZAÇÃO: CIVILIZAÇÕES

167 | O BRASIL COMO PROBLEMA

177 | ABRA OS OLHOS, LEITOR

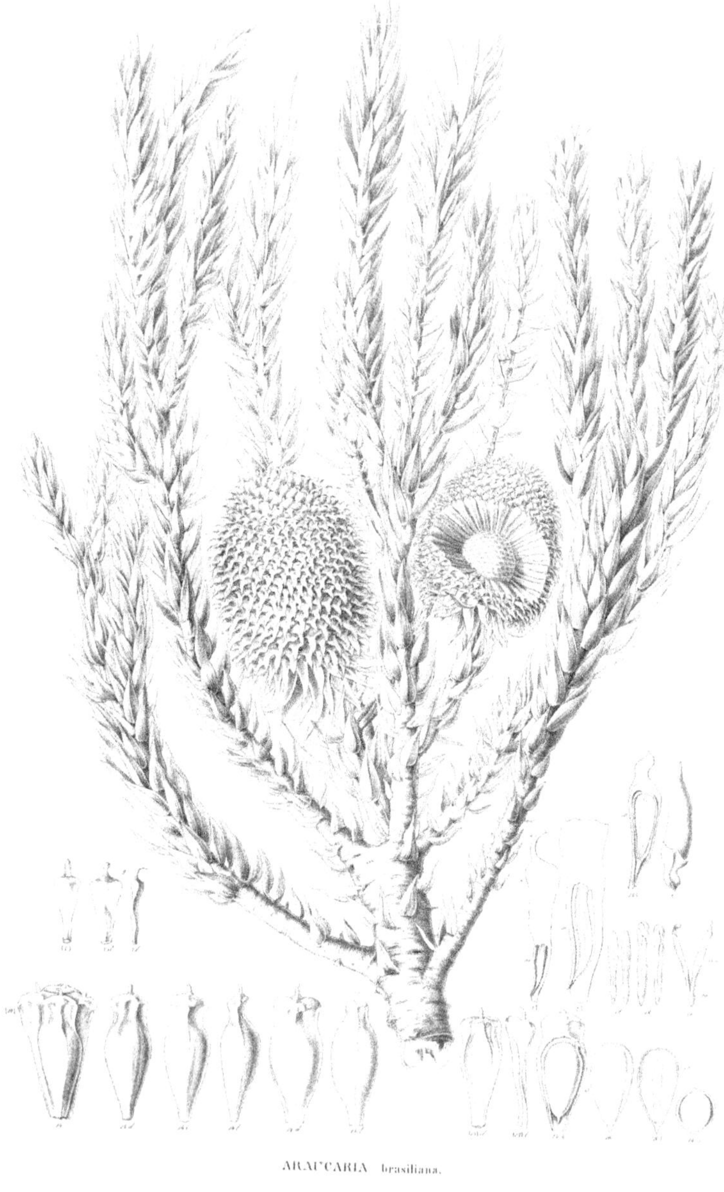

ARAUCARIA brasiliana.

110.

APRESENTAÇÃO
POR ERIC NEPOMUCENO

Há alguns anos, Darcy Ribeiro criou e organizou a Biblioteca Básica Brasileira. Era a reunião, de acordo com seu olhar solar, dos livros que deveríamos ler para ter ideia de como se formou o Brasil, de como foi deformado, e, enfim, de como deveríamos agir para recuperar o futuro.

Pois agora, passadas duas dúzias de anos da sua partida, a fundação que leva seu nome — a FUNDAR, Fundação Darcy Ribeiro — desenvolveu o projeto que ele decidiu levar adiante mas não teve tempo: a BBLA, a Biblioteca Básica Latino-Americana.

Para isso, foi formado um comitê com a tarefa de escolher os títulos que comporiam a BBLA, com a mesma missão da Biblioteca Básica Brasileira, embora lidando com autores contemporâneos e não formativos, e já não apenas relacionada ao Brasil, mas a todas as nossas comarcas: livros que permitam pensar como fomos deformados, como devemos nos enxergar e, a partir daí, agirmos de modo a recuperar o futuro que nos vem sendo negado há séculos.

Tive a alegria de ser convidado para participar deste conselho, junto de grandes luminosidades destas nossas comarcas, como Gabriel Cohn e Paulo Henrique Martins, do Brasil, Gabriel Restrepo, da Colômbia, Horácio Gonzalez (in memoriam) e Eduardo Rinesi, da Argentina, Hugo Achugar, do Uruguai, Nora Garita, da Costa Rica, Salomon Nahmad Sitton, do México, e Stefano Varese do Peru.

Por unanimidade, decidiu-se começar a BBLA com uma coletânea de textos de Darcy Ribeiro.

Em seguida virão coletâneas de Angel Rama, Eduardo Galeano, Horácio González, Ana Pizzaro, Lélia Gonzales, Arturo Escobar, Saúl Sosnowski. E depois, outras mais, trazendo um panorama do pensamento contemporâneo latino-americano de forma ampla e plural.

A razão de abrir a BBLA com Darcy? Ora, não se trata de uma razão, mas de várias.

Primeiro, pela dedicação dele para tratar de entender — e explicar — de onde nós, brasileiros, viemos, e nos fazer recordar sempre que somos uma parte de algo muito maior que nosso território: somos parte da América Latina.

E depois, numa visão mais ampla, mais abrangente, lembrar a todos nós, latino-americanos, como devemos buscar recuperar o nosso futuro coletivo, que continua nos sendo negado.

E enfim, para homenagear o criador da BBLA.

Para começo de conversa, convém lembrar não apenas a ligação de Darcy Ribeiro com as comarcas latino-americanas, mas também sua imersão nesse mundo nosso, paralelo e ignorado, convocando todos e cada um de nós a assumirmos nossa dupla nacionalidade — somos, claro, brasileiros, mas isso significa também que somos cidadãos latino-americanos.

Há antecedentes de pensadores que puseram foco nessa direção? Sim, há ao menos um, o grande e esquecido Manuel Bomfim, que viveu entre 1868 e 1932. Em 1905, portanto aos 37 anos, publicou um livro básico: *América Latina, males de origem*. E 24 anos depois, *O Brasil na América: caracterização da formação brasileira*. Darcy mencionava com frequência o nome de Bomfim e seu pioneirismo e a originalidade do seu pensamento.

Trata-se de, vale repetir, um pioneiro. Mas a verdade é que nenhum brasileiro foi mais latino-americano, ou latino-americanista, que Darcy. Havia dois eixos básicos em suas preocupações: o Brasil, sua pequena pátria, e sua Pátria Grande, a América Latina. E tudo girava ao redor deles.

Além disso, convém recordar que Darcy foi a definição perfeita da palavra voragem: o que sorve, devora. E, se foi assim a vida inteira, também assim foi ele quando começou a vasculhar a América Latina.

Era um obcecado pelo trabalho. E tinha uma infinita capacidade de se lançar em mais de um projeto ao mesmo tempo.

Uma definição desse modo de ser dele está lá, no dicionário criado por seu amigo Antonio Houaiss: fazimento. Ou seja, "ato ou efeito de fazer; feitura, fazedora". Darcy era o rei do fazimento.

Ao longo de 74 anos, três meses e 114 dias, ele não fez outra coisa além de espalhar fazimentos, e não só no Brasil. Deixou marcas por onde andou, em especial o Uruguai, o México, o Chile, a Venezuela, o Peru e a Costa Rica.

Nascido na cidade de Montes Claros, Minas Gerais, em 1922, por poucos meses Darcy não chegou aos 75 anos de idade. E nesses quase 75 anos de vida foi ministro da Educação, ministro-chefe da Casa Civil, vice-governador do Rio de Janeiro, secretário da Cultura do Rio de Janeiro, secretário de Desenvolvimento Social de Minas Gerais. Foi, até o fim, senador da República. Escreveu ensaios de antropologia, de educação, além de romances, artigos, um livro infantil e até mesmo um volume de poemas eróticos.

É impossível determinar em qual dos períodos de sua vida adulta acumulou um volume maior de fazimentos. Entre outras razões, porque Darcy tinha sede de fazer, e uma capacidade imensurável de mergulhar em seus projetos. Não parava nunca. Por isso a vida de Darcy Ribeiro não teve outono: foi uma floração perene, até o último instante.

Quando se lançava aos fazimentos, agia da mesma forma com que encarava sua responsabilidade de brasileiro comprometido com seu tempo e sua gente: pensava longe. Abrangia o futuro.

Darcy não sonhou pequeno, nunca. E também não se limitou a sonhar um mundo melhor, mais justo e possível.

Não se limitou a crer no que sonhava até a última gota de sua vida. Não ficou nos sonhos, jamais.

Não, não: Darcy foi à vida, foi ao mundo, para torná-los realidade. Havia, em sua maneira de olhar e pensar o Brasil e a América Latina, um eixo nítido: o fato de não estarmos condenados a ser como estamos, a certeza de que não somos vítimas de um destino malvado, e sim de um sistema perverso. E para mudar isso, foi à luta, e nela permaneceu até o fim.

O trabalho de Darcy Ribeiro — os sonhos que ele quis transformar em realidade — estavam e estão destinados a soprar o fogo dessa brasa adormecida, a incendiar a mansidão dos derrotados, a provar que nesta Nossa América somos, sempre e acima de tudo, povos viáveis, dignos de uma outra — e nova — realidade.

Para ele, nossos problemas só teriam e terão solução a partir de nós mesmos, de nossa capacidade de impulsionar e consolidar mudanças.

Seus livros de antropologia, principalmente *O processo civilizatório* (1968), *As Américas e a civilização* (1970) e *O dilema da América Latina* (1978), fizeram de Darcy Ribeiro, ao lado de Celso Furtado, o intelectual brasileiro mais respeitado e influente no continente latino-americano na segunda metade do século XX. Os dois, acima de qualquer outro nome deste país, ajudaram a formar gerações de intelectuais e acadêmicos pela América Latina afora.

Outra de suas características pessoais mais marcantes e evidentes era sua fome de viver. Por isso seus planos se dirigiam sempre ao futuro.

Tinha plena convicção de que se o passado deve ter seus tesouros preservados, também haverá de se ter a visão e a sensibilidade necessárias para se detectar, no hoje, o que permanecerá como marca de nosso tempo.

Tinha plena certeza de que países sem passado e sem memória estarão condenados, para sempre, a não ter futuro.

Daí a importância de se conhecer a fundo a história não apenas do Brasil, mas desse pedaço de mundo que nos foi dado para viver e que se chama América Latina.

De todos os intelectuais brasileiros, Darcy Ribeiro foi quem mais se debruçou sobre o nosso continente.

Poucos tiveram, antes e depois, o pleno sentimento de ser, como ele, um cidadão dessas províncias.

A questão da *latinoamericanidad*, ignorada pelos brasileiros ao longo dos tempos, era, para Darcy, algo tão essencial como respirar.

Das coincidências da vida, uma foi marcante no caso dele: sua primeira viagem ao exterior, em 1951 e aos 29 anos, foi justamente à Bolívia.

Mas foi no exílio uruguaio, a partir de 1964, que Darcy passou a mergulhar fundo nos meandros da história da nossa Pátria Grande.

A saída do Brasil foi consequência do golpe militar do dia 1º de abril de 1964. Ora, no Brasil, o 1º de abril é o Dia da Mentira. E aconteceram duas: primeiro, chamar o golpe de "Revolução". E depois, antecipar a data em um dia.

Pois logo depois do golpe Darcy se refugiou, junto a outros integrantes do governo de João Goulart, em Montevidéu.

Achava que o exílio seria breve, de uns seis meses.

Na semana da chegada ele, o criador — ao lado de seu amigo e mestre Anísio Teixeira — da Universidade de Brasília, foi convidado para ser professor de antropologia na Faculdade de Humanidades e Ciências da Educação da Universidade da República.

Foi nesse período inicial que Darcy conheceu Eduardo Galeano e participou na criação da Enciclopédia Cultural Uruguaia, dirigida por outro esplendoroso intelectual uruguaio, o crítico literário Angel Rama.

Conforme foi ficando claro que o exílio seria longo, Darcy passou a receber convites de instituições europeias.

Agradeceu um por um, e recusou todos. Anos depois, daria sua razão para ter permanecido no Uruguai: "Foi a decisão mais sábia que tomei na vida". E explicava que, na Europa, acabaria confinado num gabinete acadêmico, dedicando-se a aulas e pesquisas sobre etnografia indígena, sem participar de nenhum projeto nacional.

Ter ficado no Uruguai foi essencial para o que ele dizia ter sido sua "reconstrução intelectual", além de ter aberto o caminho para rapidamente se transformar num "brasileiro latino-americano".

Aos poucos, e graças à sua experiência tanto na Universidade de Brasília como na uruguaia, passou a receber convites para palestras e para participar de grupos de estudo e trabalho destinados a reformas universitárias no Peru e no México, além de ter integrado comissões que criaram a Universidade da Costa Rica e outra, ainda mais distante, na Argélia.

Também foi assessor tanto de Salvador Allende no Chile como do general Juan Velasco Alvarado no Peru, dois mandatários irremediavelmente comprometidos com transformar panoramas de desigualdade e injustiça social.

O exílio, enfim, foi o período em que escreveu mais avidamente. Trabalhou nos cinco robustos volumes que integram seus "Estudos de Antropologia da Civilização": além dos já citados *O processo civilizatório*, *As Américas e a civilização* e *O Dilema da América Latina*, *Os Brasileiros: 1. Teoria do Brasil* (1972) e *Os índios e a civilização* (1970).

Esses livros rapidamente se transformaram em referência indispensável para quem trata de entender o panorama de nossas conturbadas comarcas.

Darcy dizia que esse foi "um projeto tão ambicioso que só um exilado político, obcecado pelas tensões da proscrição, se animaria a escrever".

Por ter escrito o que escreveu, costumava dizer que, ao menos nesse aspecto, para ele o exílio foi proveitoso.

As leituras do venezuelano Simón Bolivar e do cubano José Martí foram a porta de entrada num universo até então distante para Darcy, como aliás para a quase totalidade dos brasileiros que leram o que eles escreveram.

Mas houve uma terceira fonte de luz para Darcy, já mencionada aqui: o brasileiro Manuel Bomfim. Durante as infinitas pesquisas para tentar decifrar os mistérios de uma realidade que ia conhecendo e tentando buscar respostas, deparou-se, certo dia, com Bomfim, de quem não tinha ideia de haver existido. Seu livro *América Latina: males de origem* deixou Darcy literalmente deslumbrado. Até o fim da vida ele diria que o antropólogo desconhecido fora de seu tempo havia sido "um pensador original, o maior que geramos, um pensador plenamente maduro em 1905, quando publicou seu livro".

Dizia que uma das características mais cintilantes no pensamento de Bomfim — e, vale reiterar, isso no comecinho do século XX — era sua profunda crítica ao fato de as elites, e os intelectuais em especial, da América Latina insistirem na recusa de analisar a própria realidade, optando sempre por buscar respostas, soluções e propostas em seus pares da Europa.

Esse chamado, esse desafio, somado às leituras de Bolívar e Martí foram o impulso decisivo para a transformação de Darcy em cidadão plenamente latino-americano nascido no Brasil.

Uma dúvida exposta por Bolívar foi especialmente marcante para Darcy: "O que somos nós, os povos latino-americanos, entre os povos, entre as civilizações?".

Indo à procura de respostas ele escreveu o que escreveu.

O impacto de Simón Bolívar sobre Darcy Ribeiro é facilmente compreensível: mais ainda que figura de proa na luta pela liberdade e autonomia dos povos da Nossa América, soube, como poucos, unir o pensamento à ação.

Idealizou o que seria uma confederação de nações hispano-americanas, sua esperança de uma Pátria Grande. Queria partir da nossa própria realidade para transformá-la, libertando cidadãos e eliminando distâncias e desigualdades sociais. Queria uma América unida, a Pátria Grande.

Já o cubano José Martí foi além, e incluiu o Brasil naquela pátria desejada por Bolívar.

Mais que qualquer outro brasileiro de seu tempo, Darcy empunhou essas bandeiras, e partiu para — seguindo os passos dos fundadores dessa ideia — interpretar nossa história, nossa formação, a começar por um ponto de vista essencial e radicalmente nosso.

Traduzir a América Latina a partir da América Latina, e encontrar caminhos e soluções nossas para problemas nossos.

Livrar-se do "colonialismo cultural" e, como insistia Bomfim, ter a certeza de que o Brasil — e todos os países latino-americanos — são viáveis. Essa, talvez, a maior herança que ele deixou.

Mas Darcy também foi herdeiro de outros pensadores brasileiros sobre o Brasil, como Gilberto Freyre (apesar de ser crítico a vários aspectos de sua obra, destacava sempre a alta qualidade literária, principalmente de *Casa grande & senzala*).

Talvez a característica mais marcante da forma em que Darcy Ribeiro aborda a América Latina esteja em seu olhar agudo, crítico e extremamente original. E para que esse olhar se formasse e consolidasse, o período do exílio e suas andanças pela região foram essenciais.

Antes do aparecimento dos livros de Darcy Ribeiro dedicados a entender a formação dos povos latino-americanos, não havia, na literatura dedicada a examinar a realidade do nosso continente, nada parecido à exaustiva busca dele por respostas que, por sua vez, abrissem caminhos que levassem a propostas de mudança.

A exemplo de Bomfim, Darcy rejeita a possibilidade de ter como base o olhar estrangeiro à região. E a partir desse ponto foi que ele se dedicou a examinar, analisar e interpretar a nossa realidade coletiva, respeitando ao extremo as particularidades de cada um a partir de sua própria experiência, da realidade pessoal vivida por ele.

O olhar de Darcy dedicado à América Latina contém perguntas concomitantes sobre o que foi, o que poderia ter sido, como foi, o que é, o que poderia ser, como é, o que poderá ser, para desta forma elaborar propostas para o que será.

Um dos aspectos mais originais do seu exame da América Latina é a maneira como ele classificou seus povos.

Ele criou a classificação dos "povos-testemunhos", "os povos-novos", os "povos-transplantados" e os "povos-emergentes".

Povos-testemunhos eram os originários dessas terras, sobreviventes das civilizações que aqui existiam e foram brutalizados pela invasão europeia. Foram também as maiores vítimas da colonização.

Já os povos-transplantados eram, no ponto de vista de Darcy, precisamente os colonizadores, imensos contingentes vindos quase todos da Europa, que trouxeram na bagagem hábitos, culturas, religiões e instituições inexistentes na América.

Darcy destacava, entre os transplantados, alguns países em que essa bagagem foi mais assimilada: Estados Unidos e Canadá, na América do Norte, e Argentina e Uruguai na América Latina.

A terceira categoria, a dos povos-emergentes, situava-se, na opinião de Darcy, principalmente na África e na Ásia, em países surgidos de antigas colônias depois de guerras de libertação.

Nessa classificação criada por Darcy para entender as várias civilizações mundiais e seus reflexos na época em que os livros foram escritos — final da década de 60 do século passado —, as menções à América Latina se resumem a comparações ao que viviam os países africanos e asiáticos recém-libertos da situação de colônia ao que foi vivido nos processos de independência em nossos países.

O foco central foi posto na América Latina na classificação de povos-novos. Para ele, insólita, rica e infinita mistura de etnias são diferentes como a dos povos originários, as diferentes raízes culturais trazidas da África e a variedade de seguidas ondas migratórias vindas inicialmente da Europa (embora a imensa maioria delas tenha vindo da Península Ibérica) e, em épocas mais recentes de países árabes e asiáticos, formaram o mais formidável mosaico cultural imaginável.

Darcy mencionava como exemplos desse caldeirão cultural que criou culturas pontuais países como o Paraguai, a Venezuela, a Colômbia, o México e, é claro, o Brasil.

Embora destaque a violência do processo de formação dessas futuras novas nações em épocas de conquista, ocupação e colonização, Darcy não deixa de observar que o resultado foi o surgimento de novas etnias nas nossas nações, originais e dotadas de qualidades únicas, etnias extremamente poderosas. Em sua forma tão peculiar de escrever, Darcy dizia mais ou menos o seguinte: é muito fácil criar países como a Austrália. Basta pegar um punhado de ingleses, irlandeses e escoceses, despachar para uma ilhona deserta, eles matam os habitantes originais e fazem uma Grã-Bretanha de segunda classe. Com o tempo, claro que esse país melhora e muito, mas no começo era isso mesmo, fácil de fazer.

Já no caso da América Latina, ele assegurava que o que existia era a aventura de ter sido criado um novo gênero humano, feito de mestiços de carne e espírito. 'Nós fizemos um povo capaz de herdar dez mil anos de sabedoria indígena, de adaptação aos trópicos e fazer uma civilização tropical. Esse povo está aí e eu digo que somos a nova Roma. E por que nova Roma? Somos a maior massa latina, fizemos uma massa de gente que é de 500 milhões de pessoas', escreveu ele num texto tão convicto como irreverente.

E, segundo Darcy, precisamente por isso, para evitar o poder dessa nova Roma caso houvesse uma verdadeira integração entre nossos países, os centros de poder econômico do planeta cultivaram cuidadosamente ao longo dos tempos em nossas elites a ideia de que eram desprezíveis as potencialidades entre nossos vizinhos, quando comparadas às nações europeias ou aos Estados Unidos. Enquanto não nos dermos conta disso, pregava Darcy, continuaremos a padecer dos males que padecemos.

Nessa abordagem da nossa realidade, Darcy tratou de alertar sobre o que, para ele, era uma ameaça palpável: as pretensões, planos e esforços das elites latino-americanas na procura de alcançar e preservar benefícios próprios, subjugando povos e países para de manter seus privilégios. Uma espécie de colonialismo interno, em parceria com o externo e em prejuízo das imensas maiorias.

A isso ele somou sua atuação pessoal, sua militância política direta ou indireta. Darcy não apenas jamais se manteve à margem — exceto, claro, quando foi impedido, como nos tempos de exílio — das lutas pela transformação social do Brasil, como nunca respeitou a figura do intelectual que não assumisse sua responsabilidade direta na busca de mudanças.

O mesmo rigor que se impunha em suas tarefas de pesquisador e formulador de análises da realidade ele tratava de se impor na luta pelas transformações que julgava essenciais.

Para Darcy, pesquisar por pesquisar era pouco, era quase nada. Dizia que o intelectual, o artista, deve ter necessariamente uma noção clara de sua responsabilidade dentro do contexto em que vive. E que cada passo que dava era comprometido, posto sempre a serviço dos povos da América Latina e, muito especialmente, do povo brasileiro.

Contam-se nos dedos das mãos os latino-americanos que souberam, com a intensidade de Darcy, aliar trabalho intelectual rigoroso e do mais alto nível com militância e ativismo na política.

Pois os textos aqui reunidos, escritos em diferentes épocas e distintas situações, nos trazem uma pequena, ínfima amostra do que foi a obra de Darcy Ribeiro. Oxalá sirvam de incentivo para que os leitores mergulhem na sua vasta e indispensável obra.

Com esta coletânea abrimos a Biblioteca Básica Latino-Americana, a BBLA. E assim prestamos homenagem e cobrimos parte, pequena parte, da nossa imensa dívida com a memória de seu idealizador.

LANGSDORFFIA hypogaea.

MINHAS PELES

Quem sou eu? Que fiz eu de minha vida? Até gosto de me ser, tal qual sou, mas reconheço que meus méritos são escassos. Minhas mãos, inúteis para fazimentos, só servem para escrever e acariciar. Não sei dançar, nunca soube, o que sempre me vexa. Olho, idiota, o céu, maravilhado de seu esplendor, sem reconhecer constelações ou estrelas. Das árvores inumeráveis do meu mundo brasileiro, todo feito de arvoredos os mais variados, reconheço uma dúzia, se tanto. Diante das flores, do milagre de suas formas, cores, perfumes, eu paro perplexo. Só reconheço rosas, cravos, jasmins, girassóis e umas poucas mais. A música clássica, prodigiosa criação humana, me assusta e me cansa. Fala a outros muito mais que a mim.

De todas as coisas desse mundo tão variado, a única que me exalta, me afeta, me mobiliza, é o gênero humano. São as gentes. As ínvias gentes índias, com quem convivi intimamente tantos anos, os mais belos que vivi. As gentes nacionais, que me acolheram nos meus longos anos de exílio mundo afora. Mas, principalmente, minha amada gente brasileira, que é minha dor, por sua pobreza e seu atraso desnecessários. É também meu orgulho, por tudo o que pode ser, há de ser, como uma Civilização Tropical de povos morenos, feitos pela mistura de raças e pela fusão de culturas.

Meu tema, aqui, sou eu mesmo e devo versá-lo com o gosto que tenho e confesso de falar de mim. Quem sou eu? Às vezes me comparo com as cobras, não por serpentário ou venenoso, mas tão-só porque, eu e elas, mudamos de pele de vez em quando. Usei muitas peles nessa minha vida já longa e é delas que vou falar.

A primeira de minhas peles que vale a pena ser recordada é a do filho da professora primária. Mestra Fininha, de uma cidadezinha do centro do Brasil. O menino que um dia roubou um pacote de um quilo de azul de metileno e atirou, apavorado, no reservatório de água da cidade para vê-lo azular. Me haviam dito que aquilo daria para colorir o Oceano Atlântico, a mim que nunca havia visto nem mar nenhum. Levei uma surra danada, mas não me corrigi. Continuo fazendo bobagens e desafiando esse mundo, só pelo gosto de vê-lo variar.

Outra saudosa pele minha foi a de etnólogo indigenista. Vestido nela, vivi dez anos nas aldeias indígenas do Pantanal e da Amazônia. O fundo de meus olhos da memória é feito da visão que retive da beleza daquelas províncias do planeta, as mais belas. No Pantanal, vi uma vez uma lagoa grande cheia de aves — garças, colhereiros, tuiuiús — que assustadas por mim saíram voando. Era como se a lagoa voasse. Na Amazônia, um dia, atravessando a mata espessa, deparei com uma clareira onde uma árvore havia caído, talvez uma década antes, e o sol penetrava, ajudando a floresta a refazer-se. Ali, no tronco caído, exposto e iluminado, estava bem quieta uma enorme onça negra. Lá ficou ela, um momento ou um século, olhando com seus olhos verdes aqueles bichos-gente — os índios e eu — que avançávamos. Ela me olhava e eu olhava para ela, extasiado, até que se foi, desdobrando-se num salto elástico, que ainda vejo.

Mas eram os povos índios que me interessavam supremamente naqueles anos. Demasiados anos, para simples pesquisa antropológica. Insuficientes anos para o meu gozo e minha curiosidade de entender aquela humanidade em flor. Eu queria compreender seu veemente desejo de beleza, expresso em cada um dos seus artefatos, feitos com muito mais primor cio que o necessário para cumprir sua função utilitária. A função verdadeira que os índios buscam em seus fazimentos é a beleza. É a perfeição que, impressa neles, exibe o caráter e a criatividade de quem os fez. Outro talento índio, ainda mais extraordinário, que me encheu de espanto, é a capacidade que eles têm de viver sempre convivendo harmoniosamente uns com os outros. Tendo passado tantos anos com eles, eu nunca vi um índio avançar sobre o outro numa briga. Jamais vi uma índia castigar fisicamente um filho. O que vi foi um carinho inesgotável com que os acariciam.

Quando digo que sou socialista, o socialismo que sonho é o de uma civilização avançada, com esse talento índio da convivência e da solidariedade. Creio que no convívio com os índios eu me refiz, o que aprendi com eles é talvez o que me singulariza entre os intelectuais de minha geração. Aos índios devo, também, a dignidade que me deu a luta que travo há quarenta anos para salvá-los. Não os salvei e esta é a dor que mais me dói. Apenas consolam algumas parcas conquistas, como a criação do Parque Indígena do Xingu e do Museu do Índio, do Rio de janeiro.

Pele que encarnei e encarno ainda, com orgulho, é a de educador, função que exerço há quatro décadas. Essa, de fato, foi minha ocupação principal desde que deixei a etnologia de campo. Lembro-me bem dos primeiros anos do meu trânsito de antropólogo para educador. Minha ignorância e ousadia eram tamanhas que o meu mestre, Anísio Teixeira, dizia de mim que eu tinha a coragem dos inscientes. É verdade. Eu investia contra o analfabetismo ou pela reforma da universidade com mais ímpeto de paixão que sabedoria pedagógica. Não me dei mal. Acabei ministro de educação de meu país e fundador e primeiro reitor da Universidade de Brasília. Ela, ao nascer, cristalizava não só meu sonho maior, mas também a aspiração mais alta da comunidade científica e intelectual do Brasil. Ambas cientes da necessidade de dominarmos o saber humano para colocá-lo a serviço do desenvolvimento nacional, como o principal acelerador da história. Lamentavelmente, minha querida Universidade de Brasília decaiu logo depois de nascer, degradada pela intolerância da ditadura militar que se abateu sobre o Brasil.

Outra pele que ostentei e ostento ainda é a de político. Sempre fui em toda a minha vida adulta um cidadão ciente de mim mesmo como um ser dotado de direitos e investido de deveres. Sobretudo o dever de intervir nesse mundo para melhorá-lo. Um intelectual dinamarquês pode legitimamente dedicar-se ao que bem quiser, indiferente à ordem social, porque a Dinamarca deu certo. Seu povo realiza bem suas melhores potencialidades dentro da civilização a que pertence. O Brasil não deu certo. Ainda não deu. Nossos intelectuais, por isso mesmo, são urgidos a tomar posição política. A miséria é grande demais para que possam ficar alheios.

Demonstrarei isso com dois exemplos. Primeiro, com a afirmação inegável de que a maioria da nossa gente, se não morre de fome, vive com fome. Isto ocorre no meio da prosperidade de uma lavoura comercial, socialmente irresponsável, só devotada a lucrar, produzindo álcool motor com cana-de-açúcar ou soja de exportação. Não produz é o que o povo come. Outro exemplo nos é dado pelas nossas 200 mil escolas públicas primárias. É inegável que elas formam mais analfabetos do que alfabetizados, uma vez que mais de 90% das crianças as frequentam por quatro ou cinco anos, mas delas saem sem a capacidade de escrever um bilhete ou de procurar um emprego num anúncio de jornal. Isso ocorre mesmo em centros tão ricos e civilizados como São Paulo e Rio.

Tamanhos fracassos só se explicam, a meu juízo, pela grave enfermidade nacional que é a desigualdade social e a insensibilidade diante do sofrimento dos pobres. Ela decorre, certamente, do fato de termos sido o último país no mundo a acabar com a escravidão. A classe dominante brasileira ficou marcada por isto. Ela é feita em grande parte de descendentes de senhores de escravos, indiferentes a seu destino. Só isso torna inteligível tanto descaso, seja pela fome do povo, seja pela ignorância generalizada. O Brasil sempre foi e ainda é um moinho de gastar gente.

É para lutar contra isso que faço política, movido por uma motivação essencialmente ética. Nunca fui um indiferente, ao contrário, meu pendor é para a indignação ante toda injustiça. Jovem, ainda na universidade, me fiz estudante comunista, porque esse foi o modo que encontrei de me preocupar com o destino humano, de me comover com o sofrimento de qualquer povo, em qualquer lugar da Terra. Entrei para a política militante quando vi, assombrado, o Presidente Getúlio Vargas, com mais de setenta anos, matar-se, arrebentando o coração com uma bala, para fugir ao assédio de uma campanha de desmoralização pela imprensa, custeada pelos grupos mais ricos. Frente a esse drama, eu me perguntei por que aquele homem, o mais amado pelo povo pobre, era tão ferozmente odiado pelas elites. Vi, ali, que o que causava revolta na minoria, que vive à tripa forra, era sua identidade com os trabalhadores e sua política nacional de industrialização e de produção autônoma de petróleo e de eletricidade.

Desde então me defino como socialista. Socialista no sentido trabalhista, de quem luta para forçar o capital a remunerar melhor o trabalho, de lutar para que o Estado cumpra seus deveres na área de educação e de assistência às camadas mais carentes da população. Isto sou hoje.

Com a pele de político militante, fui duas vezes Ministro de Estado, mas me ocupei fundamentalmente foi na luta por reformas sociais, que ampliassem as bases da sociedade e da economia, a fim de criar uma prosperidade generalizável a toda população. Nesta luta me concentrei principalmente na defesa de uma Reforma Agrária, que democratizasse a propriedade da terra a fim de integrar milhões de lavradores na economia nacional, evitando que se vissem forçados a engrossar a massa de favelados das cidades. Cerca de dez mil grandes proprietários se apossaram de 80%

do continente Brasil. Nesse mundão de terras, eles não plantam nem deixam plantar. Condenam, assim, milhões de brasileiros à penúria.

Fracassando nessa luta pelas reformas, eu me vi exilado por muitos anos e vivi em diversos países. Entretanto, minha pele de proscrito foi mais leve do que se poderia supor. Nela pude ver meu país em conjunto, como só se vê olhando de fora. Comparando, nela pude exercer-me largamente como educador e como político, aprendendo muito. Meu ofício, naqueles anos, foi o de professor de antropologia e, principalmente, reformador de universidades. Disto vivi. Propus reformas para a Universidade da República do Uruguai, para a Universidade Central da Venezuela e para o sistema universitário peruano. Ajudei a reestruturação da Universidade de Argel, elaborei o projeto básico de implantação da Universidade Nacional da Costa Rica e propus, para a Universidade Nacional Autônoma do México, uma Faculdade de Educação e Comunicação.

Nenhuma destas reformas ou planos de criação de uma universidade se cumpriu segundo as diretrizes que ajudei a formular, com equipes de educadores locais. Mas a função dos planos não é conduzir rigidamente as ações. É tão-só promover uma auto-avaliação da universidade e desenhar um paradigma do que é desejável para ela na forma de um plano decenal. A existência desse paradigma por si só justifica o imenso trabalho de elaboração de uma reforma. Só por existir, ele estabelece metas, impedindo o crescimento ganglionar das cátedras à custa das carnes da universidade. Cada um destes projetos de reformas foi reduzido a texto e publicado. Com base neles e, sobretudo, na minha experiência de criação da

Universidade de Brasília é que elaborei meu livro *A universidade necessária*.

No campo político, minha atuação de exilado foi a de conspirar, por quatro anos, no Uruguai, cada vez mais desesperançado de nosso projeto de derrubada da ditadura militar. Mais adiante, fui chamado a uma atividade propriamente política. Primeiro no Chile, onde ajudei Salvador Allende a formular seu projeto de Socialismo em liberdade. Depois, no Peru, onde fui ajudar Velasco Alvarado a transformar sua revolução nasserista num plano de socialismo cibernético.

Tentei também, naqueles anos, compreender melhor as causas do desempenho medíocre do Brasil na Civilização Industrial. Neste esforço escrevi meus *Estudos de Antropologia da Civilização*. São cinco volumes, com quase duas mil páginas. No primeiro deles, *O Processo Civilizatorio*, proponho, para tornar nossa realidade inteligível, uma teoria não eurocêntrica da história. Em *As Américas e a Civilização*, analiso as causas do desenvolvimento desigual da América Saxônica e da América Latina. Em essência, tento entender como e por que entraram em decadência na Civilização Industrial justamente as áreas que, no passado, produziram maiores riquezas e edificaram cidades majestosas como o México, Lima, Bogotá ou a Bahia, o Recife e o Rio de Janeiro.

No exílio, devolvido a mim, eu me fiz romancista, cumprindo uma vocação precoce que me vem da juventude. Estudante de medicina, eu era reprovado ano após ano porque não estudava o que devia, só me ocupava de ler e de escrever literatura. Sofri demais estas frustrações, tanto que até corri risco de vida. Naquela angústia da busca de minha própria identidade, eu me dizia e repetia num diário que, não tendo decidido se ia nascer, me cumpria decidir naquela hora se queria morrer. Andei muito perto do suicídio, o que, visto da distância de cinquenta anos que me separam daqueles dias, mostra como foi difícil para mim viver meus vinte anos.

Mas eu falava é de minha literatura. Dela me afastei por décadas, primeiro, pela atração irresistível da etnologia indígena, tão cheia de seiva; depois, pelo envolvimento inevitável elas lutas, como educador e como político *reformista*. Só no exílio, nos seus longos vagares, tive ocasião e desejo de novamente romancear. Escrevi então meu primeiro romance, *Maíra*, o mais conhecido deles, em que revivo as emoções dos anos de convívio com os índios. Seu tema é a dor e o gozo de ser índio, tal como eu os pude sentir emocionalmente mas nunca fui capaz de expressar nos meus escritos científicos. Seu sentido é a morte de Deus, ou ao menos de Maíra, o Deus índio que renasce e morre porque este mundo não tem remédio.

Ainda no exílio, escrevi um outro romance, *O mulo*. Nele retorno meus recordes da primeira juventude, no feio mundo de minha gente paterna de senhores de terra, afeitos ao ofício de gastar gente com indiferença espantosa. Imaginei que o personagem principal, a quem por isso chamo de mulo, seria detestado pelos leitores. Não é assim. Como minha literatura não é maniqueísta, ele encarna muitas verdades, e o fato é que mais comove do que revolta.

Escrevi depois duas novelas mais. *A utopia selvagem*, que é uma alegoria satírica da busca da identidade dos brasileiros que, já não sendo europeus, nem índios e nem africanos, se perguntam o que são. Minha outra novela, *Migo*, é uma autobiografia inventada, mais confessional do que meus ensaios explicitamente autobiográficos.

De volta do exílio, retomei minhas peles todas. Hoje estou no Brasil lutando pelas minhas velhas causas: a salvação dos índios, a educação popular, a universidade necessária, o desenvolvimento nacional, a democracia, a liberdade. No plano político, me elegi vice-governador do Rio de Janeiro e depois senador da República.

Estas são as peles que tenho para exibir. Em todas e em cada uma delas, me exerci sempre igual a mim, mas também variando sempre. Se tivesse ficado em uma só, teria feito, talvez, uma vida de mérito. Exercendo tantos papéis — antropólogo, educador, político, romancista — me dispersei demais, perdendo consistência biográfica. Mas não me arrependo, se me fosse dado viver outra vida, eu faria o mesmo. Afinal, não vivemos só para servir. Vivemos também e principalmente é para nos exercermos como humana gente, curtindo a vida, tirando dela o gozo que nos pode dar. Apesar de todos os amargores, gosto muito de ter vivido a vida que vivi e guardo no fundo do peito a esperança de que meus fazimentos maiores não estejam no passado, mas no futuro. Serão aqueles que ainda hei de fazer.

FASCINAÇÃO

Durante meus dez anos de etnólogo, convivi com diversos grupos indígenas. Exercia então, simplesmente, meu ofício de etnólogo de campo. Só que, ao contrário dos meus colegas que passam alguns meses, um ano no máximo, com sua tribo, eu alonguei, por todo aquele tempo, minha estada com eles.

Por quê?

Primeiro, porque não realizava uma pesquisa acadêmica, como é corrente. Trabalhando no órgão de estudos de um serviço governamental de proteção aos índios, eu podia estudar quantos grupos quisesse, por quanto tempo desejasse. Foram, porém, outras as razões maiores de meus longos, belos anos de vida de índio, dormindo em redes e esteiras, comendo o que eles comem, eu só, em suas aldeias, contente de mim e deles.

Entre essas razões, sobressai o encantamento em que caí diante dos meus índios e a curiosidade inesgotável que eles despertaram em mim. Desde então, até hoje, me pergunto o como e o porquê dos seus modos tão extraordinários de serem tal qual são.

Repensando agora, tantos anos depois, aquelas vivências minhas, ressaltam certas características distintivas dos índios, visíveis ao primeiro contato, que desencadearam aquele meu encantamento e essa longa arguição.

A fascinação que aqui confesso não é, aliás, nenhuma novidade. Já os primeiros europeus que depararam com nossos índios na praia de 1500 se encantaram com a peregrina beleza de seu corpos e a gentileza de seus modos. Qualquer civilizado que conviveu com uma tribo isolada carrega, pela vida afora, a lembrança gratíssima do sentimento de espanto e simpatia que eles suscitam.

Meditando, agora, sobre esse meu sentimento de fascinação, tantos anos depois, descubro que me encantava nos índios, primacialmente, sua dignidade, inalcançável para nós, de gente que não passou pela mó da estratificação social. Não tendo sido nem sabido, jamais, de senhores e escravos, nem de patrões e empregados, ou de elites e massas, cada índio desabrocha como um ser humano em toda sua inteireza e individualidade. Pode, assim, olhar o outro e ser visto por todos como um ser único e irrepetível. Um ser humano respeitável em si, tão-só por ser ente de seu povo. Creio mesmo que lutamos pelo socialismo por nostalgia daquele paraíso perdido de homens vivendo uma vida igualitária, sem nenhuma necessidade ou possibilidade de explorar ou de ser explorados, de alienar-se e de ser alienados.

Isso me lembra um episódio de que jamais esquecerei. Os índios Xavante, que ocupavam um território imenso do rio das Mortes até o Xingu, tinham sido recentemente pacificados. No entendimento xavante, eles é que tinham estabelecido relações pacíficas com o homem branco. O que mais queriam então era ver, tocar, num desses pássaros de asas rígidas, intocáveis, que cruzavam seus ares. Sabendo disso, o brigadeiro Aboim decidiu pousar três aviões numa clareira que os Xavante tinham aberto no cerrado.

Lá foi. Ao descer do avião, viu que devia dirigir-se a um índio velho, todo encarquilhado, que parecia esperar por ele. Era Apoena, o mais velho dos Xavante e o mais respeitado. Aboim enfrentou Apoena todo vestido numa farda branca, cheia de tiras de ouro. Quem os visse perceberia logo que a dignidade naquele enfrentamento estava com o velho nu, com Apoena. Aboim parecia fantasiado.

Ocorre que Apoena trazia a tiracolo um cesto trançado de palmas verdes, carregado de gafanhotos tostados que ele comia tranquilo. Aboim escandalizou-se e mandou trazer uma lata de biscoitos cream cracker. Abriu ele mesmo e entregou a Apoena, que recusava, não sabendo o que era. Aboim retirou um biscoito e o mastigou devagar, com boca de quem gosta. Apoena o imitou, tirou um biscoito e pôs na boca, mas se horrorizou. A seu paladar aquilo era horrível, porque ele nunca havia comido nada tão salgado. Em seguida, limpou a lata dos biscoitos que tinha e passou para ela seus gafanhotos, que continuou comendo.

Como não recordar, também, a generosidade de meus amigos índios, sempre mais predispostos a dar que a guardar? Ou a ausência de qualquer mandonismo? Lá, ninguém manda jamais em ninguém. No máximo, um cabeça de família, exercendo discreta liderança, sugere que talvez seja bom fazer, agora, tal ou qual coisa. Alguém pode até querer mandar, mas nunca será obedecido. Rirão dele.

Quando pedi ajuda, uma vez, a quem eu tratava como chefe índio, para levar a carga de minha expedição a outra aldeia, o que ele fez foi toda uma lição. Simplesmente disse, de tarde, ao grupo de índios sentados a seu redor, que no dia seguinte viajaria comigo, para me ajudar. Imediatamente, alguns outros homens se ofereceram para ir também conosco. Descobri, naquele dia, que o que eu chamava "capitão", supondo que fosse um chefe, eles entendiam como *akang-pitang*, ou seja, "cabeça vermelha". Compreendi ali por que os homens me pediam tantas vezes, que eu lhes desse bonés de pano vermelho. Queriam, eles também, receber o tratamento que eu dava àqueles que designava e distinguia como "capitães".

Entre as lembranças que me afloram, pensando naqueles longos anos de convívio com os índios, ressalta a espontânea e tranquila alegria com que nos tratávamos. E também a limpeza dos índios e o seu gosto de se embelezar. Uma vez, pelo menos, às vezes duas ou três por dia, saíamos em grupo para tomar banho, espadanando água. Sempre havia por perto algum homem ou mulher sendo pintado, seja com a tinta rubra do urucum, seja com a negro-esverdeada do jenipapo, em pinturas de corpo inteiro, ou traçando linhas e voltas nas retículas mais inventivas e delicadas.

Os jovens, homens e mulheres, andam quase sempre enxadrezados dessas pinturas. Nos dias festivos, quando se reúne gente de muitas aldeias, ou até de tribos diferentes, o luxo é muito maior. Então, sobre a nudez de seus belos corpos recobertos de pinturas, sobressai a glória dos adornos de plumas, dos colares de miçangas e madrepérola, realçados pelos cintos de fibras e de palha.

Outra vertente do meu encantamento pelos índios vinha de meu assombro diante do exercício da vontade de beleza que eu via expressar-se infinitas vezes, de mil modos e formas. Aos poucos fui percebendo que as sociedades singelas guardam, entre outras características que perdemos, a de não ter despersonalizado nem mercantilizado sua produção, o que lhes permite exercer a criatividade como um ato natural da vida diária. Cada índio é um fazedor que encontra enorme prazer em fazer bem tudo o que faz. É também um usador, com plena consciência das qualidades singulares dos objetos que usa.

Quero dizer com isso, tão-somente, que a índia que trança um reles cesto de carregar mandioca coloca no seu fazimento dez vezes mais zelo e trabalho do que seria necessário para o cumprimento de sua função de utilidade. Esse trabalho a mais e esse zelo prodigioso só se explicam como o atendimento a uma necessidade imperativa, pelo cumprimento de uma determinação tão assentada na vida indígena que é inimaginável que alguém descuide dela. Aquela cesteira, que põe tanto empenho no fazimento do seu cesto, sabe que ela própria se retrata inteiramente nele. Uma vez feito, ele é seu retrato reconhecível por qualquer outra mulher da aldeia que, olhando, lerá nele, imediatamente, pela caligrafia cestária que exibe, a autoria de quem o fez.

Não havendo para os índios fronteiras entre uma categoria de coisas tidas como artísticas e outras, vistas como vulgares, eles ficam livres para criar o belo. Lá uma pessoa, ao pintar seu corpo, ao modelar um vaso, ou ao trançar um cesto, põe no seu trabalho o máximo de vontade de perfeição e um sentido desejo de beleza só comparável com o de nossos artistas quando criam. Um índio que ganha de outro um utensílio ou adorno ganha, com ele, a expressão do ser de quem o fez. O presente estará ali, recordando sempre que aquele bom amigo existe e é capaz de fazer coisas tão lindas.

Essa compreensão importa na conclusão de que a verdadeira função que os índios esperam de tudo o que fazem é a beleza. Incidentalmente, suas belas flechas, sua preciosa cerâmica têm um valor de utilidade. Mas sua função real, vale dizer, sua forma de contribuir para a harmonia da vida coletiva e para a expressão de sua cultura, é criar beleza.

EXÍLIO

Em abril de 1964 me vi no exílio junto com Jango no Uruguai. Durante os primeiros anos pensei sempre que aquele seria um exílio de seis meses. Na verdade, foi longuíssimo, alongando-se pela Venezuela, Chile e Peru e me levando também em viagens de trabalho a muitos países europeus.

A opção de ficar na América Latina, recusando as oportunidades de ir para Paris ou Roma, foi a decisão mais sábia que fiz na vida. Ela me possibilitou a reconstrução de mim mesmo como intelectual. Na Europa teria continuado minha etnografia indígena como um mero etnólogo de gabinete e viveria sempre sob o risco de me converter num basbaque, como aconteceu com tanta gente. Em lugar disso, no Uruguai me fiz um brasileiro mais consciente e aprendi a ser latino-americano. Em consequência, hoje sou mais lido nos países da América Latina do que no Brasil.

O exílio me foi mais leve do que para muitos companheiros de desterro. Na semana em que cheguei ao Uruguai fui contratado pela Universidade como professor de tempo integral. Desde então vivi entrosado com os colegas e com a intelectualidade uruguaia. Colaborei no planejamento e na realização da *Enciclopédia Cultural Uruguaia*, dirigida por Angel Rama, e dirigi um Seminário da Reforma da Universidade do Uruguai, de que resultou seu programa e restruturação, o Plano Maggiolo.

Nos dez anos seguintes, com base na minha experiência na Universidade de Brasília e na Universidade do Uruguai, andei por toda a América Latina dirigindo seminários de reforma universitária e elaborando o plano de reestruturação. Isto é o que fiz para as universidades nacionais da Venezuela, do Peru, e para a criação de novas universidades na Argélia e na Costa Rica.

No exílio prossegui também na militância política, tanto junto com meus companheiros brasileiros, especialmente Jango e Brizola, como junto aos governos latino-americanos que mais se esforçaram para romper com a dependência e com o atraso.

No Chile, trabalhando como assessor de Salvador Allende, me vi posto naquela terra de ninguém da vida social que é onde me sinto mais a gosto: entre a realidade da história de um povo numa instância de transformações revolucionárias, e a utopia concreta de seu próprio projeto de transfiguração.

Nunca participei de um empreendimento tão radical e tão generoso. Ali repensávamos com ousadia o mundo que era e planejávamos, ainda mais ousadamente, os mundos que deviam ser.

Allende tentava uma façanha equivalente à de Lênin como líder da Revolução Russa. Rompendo com os clássicos — que postulavam a revolução de Marx como o coroamento e a superação do capitalismo mais maduro —, ele procurava encontrar os caminhos do socialismo do atraso, através da ditadura do proletariado, que construiria o desenvolvimento econômico-social, onde o capitalismo fracassou.

A tentativa de Allende era ainda mais ousada. A partir da precária sociedade chilena, mas dentro de uma conjuntura histórica excepcionalmente favorável, ele buscava as vias da edificação do socialismo em liberdade, dentro de um regime pluripartidário.

Vale dizer que o socialismo que deveria florescer na França ou na Itália pela unificação dos seus grandes partidos de esquerda — o socialista e o comunista — queria medrar no Chile, pelas mãos de Allende. Nós, guiados por sua lucidez e temeridade, pensávamos o impensável até então, enfrentando, de um lado, a direita que conspirava e, do outro lado, a esquerda desvairada pela obsessão de converter a vida chilena no caminho cubano.

Mesmo hoje, passados tantos anos e depois do desastre, do assassinato de Allende e do drama em que mergulhou o povo chileno, continuo convencido de que ele teve uma boa chance de acertar. Suficiente para que tentasse. Afinal, só não erra quem jamais tenta acertar, e só acerta quem ousa, aceitando a margem de risco que sempre existe. O certo é que a direita chilena e a reação internacional, mancomunadas contra o Chile socialista, jamais tiveram dúvidas de que, sobrevivendo dois anos mais, Allende consolidaria o socialismo em liberdade, abrindo perspectivas para a revolução latino-americana.

Fracassamos, é certo, mas ficou como união das façanhas maiores de nosso tempo — ao lado da ousadia temerária do Che, que dignificou as esquerdas que estavam todas burocratizadas a lição inesquecível de que o socialismo em liberdade é alcançável e um dia há de concretizar-se. Com ele saltamos do funcionário da revolução ao herói histórico.

No Peru criei, com apoio da Organização Internacional do Trabalho e do Programa das Nações Unidas para o Desenvolvimento, o Centro de Estudos de Participação Popular destinado a ajudar a equipe de Sinamos, liderada por Carlos Delgado, a pensar a revolução peruana.

Nessa tarefa esteve engajado todo um amplo grupo de cientistas e de ativistas políticos, peruanos e estrangeiros. Queríamos nada menos que reverter as teorias e as práticas do planejamento governamental. Em lugar de projetar para o futuro as tendências naturais do crescimento da sociedade, procurando incrementar algumas delas, ou de propor a criação de pólos de desenvolvimento, com a ideia de que eles ativariam áreas do país ou setores da economia, optamos pelo caminho oposto.

Com base na metodologia da experimentação numérica desenvolvida por Oscar Varsavky, queríamos colocar no computador um simulacro da população peruana com os índices de incrementos de todas as suas características mensuráveis, para construir com ele o modelo de um Peru desejável para o ano 2000, em termos de atendimentos das necessidades básicas de todos os peruanos.

Uma vez construído aquele ponto de chegada, retornaríamos à população existente em suas condições concretas de então, para ir desenhando as linhas de ação que lhe permitiria alcançar, passo a passo, aquelas metas.

Esse procedimento visava superar a ideologia cepalina do desenvolvimento pela industrialização substitutiva que, regida pelas multinacionais, resulta na recolonização industrial do país, como sucedeu com o Brasil. Em lugar da ilusão de que acumulando fábricas estrangeiras e grandes empresas agrárias de exportação acabaríamos reproduzindo a Revolução Industrial e alcançando o desenvolvimento autônomo — o que nunca deu certo em lugar algum —, nós prefigurávamos uma utopia concreta do atendimento das necessidades da população, compreensível para toda a gente, a ser alcançada através do seu próprio esforço, etapa por etapa, em termos de níveis de empregos, de fartura alimentar, de facilidades educacionais, de serviços de saúde, de moradias, recreação etc.

Nosso modelo cibernético de sociedade socialista lamentavelmente não pôde ser montado. Assim é que o mundo deixou de ver, por via de experimentação numérica, uma utopia computacional que permitisse jogar com números dentro de um computador — em lugar de jogar com pessoas dentro da história — para prever os efeitos das políticas sociais. Eu, que sempre achei muito mais complicado desmontar e remontar uma sociedade do que uma vaca, com a capacidade de mugir melhor e de dar mais leite, não me consolo de que não se tenha concretizado aquele experimento.

O exílio é uma experiência terrível, sobretudo para brasileiros. Temos um país tão grande e variado, tão cheio de sumos, seivas e cores, que ser tirado daqui é um desterro. Para todos os exilados, exílio é sofrimento.

Mais talvez para Jango, desmontado da Presidência, posto a abrir uma fazenda nova em Tacuarembó, a duzentos quilômetros da sua, do outro lado da fronteira, que ele não podia visitar.

Acordava às quatro da madrugada para o trabalho mais duro, que é esticar aramados novos, só com seus peões. Nos fins de semana, gostava de ir, às vezes, ao cassino, jogar um pouco. Um infeliz se danou, dizendo que era um abuso. Eu contestei: "O dinheiro é dele. Não é abuso nem é doença. É solução".

Muita foi a dor de Djalma Maranhão, ex-prefeito de Natal, que queria ouvir sua cidade em um radiozinho de pilha e morreu de tristeza.

Alguns companheiros e companheiras suicidaram-se por não suportar o exílio no meio de gente estranha, cordial, mas fria. Eram desterrados. Expatriados.

Para mim, o exílio foi ruim, mas suportável. Na primeira semana, fui visitado pelo reitor Mario Cassinone no hotel. Ele reclamou que eu não me apresentasse logo. Afinal, eu era gente da Universidad de la Republica. Nomeou-me imediatamente professor de antropologia, depois encarregou-me de presidir o seminário de reformas da universidade.

O seminário foi a tarefa mais gratificante que tive. Já funcionou sob a regência do reitor Maggiolo, porque Cassinone tinha morrido. Eu o organizei com base na estrutura da Universidade de Brasília, dividindo os 45 professores e estudantes avançados que dele participaram em três grupos: ciências básicas e humanidades, faculdade de tecnologia aplicada, órgãos complementares.

Abri o seminário com umas cinco conferências sobre as estruturas das universidades, comparando-as e a opondo ao projeto da Universidade de Brasília. Seguiram-se análises, feitas por professores, sobre cada uma das carreiras, o que obrigou cada um e todos a participar da análise e da discussão de cada componente da universidade.

Minhas conferências introdutórias foram publicadas num texto resumido, muitas vezes editado em vários países da América Latina. Acabaram sendo publicadas na íntegra no meu livro *La Universidad Latinoamericana*, editado na Venezuela, no Chile e no México, cujas edições brasileiras têm o título *A universidade necessária*.

Nele estão as minhas ideias, geradas na invenção de Brasília, aprofundadas pelas meditações do exílio e pela experiência de reforma das universidades do Uruguai, da Venezuela e do Peru.

Dei aulas, por anos, na faculdade de humanidades. No primeiro ano, me comoveu muito o incômodo de ver o velho professor Petit Muñoz, diretor da faculdade, assistir a todas as minhas aulas. Mas ele lá ficou, fiel, dizendo que gostava. Deviam ser boas aulas, porque aumentava sempre o número de alunos.

Também tive muitos alunos bons, inclusive Renzo Pi Ugarte, que se fez antropólogo profissional, traduziu livros meus e foi meu assistente no Peru.

Como se vê, meu longo exílio uruguaio, se não foi de flores, também não foi de espinhos. Nunca vivi um período tão fecundo na vida. Entrei logo em convivência com intelectuais uruguaios, sobretudo o grupo da revista *Marcha* e os amigos de Angel Rama e de Eduardo Galeano, um meninão já jornalista profissional. Junto com eles planejei e produzimos uma bela e lúcida Enciclopédia da cultura uruguaia, que me permitiu tomar o pulso da intelectualidade do país.

A enciclopédia foi produzida semana após semana e vendida nas bancas. Lá estava para os leitores um volume do tamanho de uma revista comum sobre uma época da História ou sobre um tema uruguaio e outro volume com textos da época, um livrinho.

Produzir tudo isso em frequência acelerada durante um ano inteiro, com colaboradores que entregavam previamente a sua parte, e equipe gráfica que ilustrava cada unidade da melhor maneira possível, foi façanha nunca vista por mim. Muito difícil de repetir-se em qualquer parte.

Meus amigos mais chegados de então eram Domingo Calevaro, meu querido Mingo, que eu chamava Mongui, secretário da universidade, e toda a família Manuel Sadoski. Sua admirável mulher, Cora, a argentina mais inteligente e lúcida que conheci. Sua filha Corita, bela, transida de lucidez, que eu admirei e amei apaixonadamente. Corita é matemática do mais alto talento, alcançou façanhas como a de publicar artigos na revista *Summa* e até na *Summa Summa*, que é o mais alto que há na matemática mundial.

Como queria ficar no Uruguai, inclusive para namorar comigo, fez com que um dos maiores matemáticos da América Latina saísse de sua universidade americana para passar três meses com ela, a fim de ajudá-la a escrever um artigo sobre algum tema matemático que eu nunca consegui saber o que era. O espantoso para mim é que o tal artigo foi publicado com o nome de Corita seguido do de seu mestre. São coisas da matemática, impossíveis nas humanidades.

Nas primeiras semanas do meu exílio uruguaio, recebi um gesto inesperado de solidariedade dos meus colegas norte-americanos.

Foram me visitar Clifford Evans e Betty Meggers. Eles haviam conseguido para mim uma bolsa da Smithsonian de 2.500 dólares mensais, com direito a uma secretária de meio dia e trânsito livre na Biblioteca do Congresso, para ali acabar a redação de minha obra etnográfica. Agradeci comovido, mas disse a eles que ninguém compreenderia que eu, segundo homem do governo derrubado, recebesse um prêmio desses. Pensariam que durante a minha ação política estivera com os norte-americanos me custeando.

Atravessei bem os quatro anos de exílio e confinamento. Ao chegar, me deixaram ir duas vezes à Europa com passaporte uruguaio. Na primeira vez, fui conversar com JK junto com San Tiago Dantas, que fora do Rio a Paris ao nosso encontro.

Queríamos convencer Juscelino a renunciar também à sua candidatura, como Jânio e Jango faziam, apesar de seus direitos constitucionais. O propósito era forçar a ditadura militar a convocar eleições diretas para evitar a eleição de Lacerda.

Para JK a coisa era impensável. Ele achava que chegara a sua vez. A ditadura, como se sabe, em lugar de eleger Lacerda, consagrou o próprio Castelo Branco como presidente militar.

A conversa foi ruim. A certa altura JK me perguntou a idade de Jango, só para dizer que dentro de dez anos ele ainda seria mais jovem do que Juscelino era então. Isso representava sua negação a qualquer trato. O tolo não sabia nem imaginava que logo depois seria cassado, ele também.

A principal conversa com ele foi no restaurante do Hotel Henri IV. Ali o vi, ao chegar, ser saudado pelos presentes, que levantavam a bundinha e diziam discretamente: “Monsieur le président”.

Eu senti naquela hora o efeito de Brasília. Sua construção rapidíssima e sua altíssima qualidade urbanística, sobretudo arquitetônica, espantaram o mundo. Tornara o Brasil presente, como uma coisa nova, viva aos olhos da burguesia europeia.

Ainda nessa quadra de homem livre, armado de passaporte uruguaio, fiz outra viagem. Fui a Cuba convidado por Raulito, que havia sido embaixador no Brasil e voltara a seu país. Saímos de Paris para Praga e de lá para Murmanski, onde nos esperava um imenso avião militar, trêmulo como se tivesse maleita, no campo de aviação, a quarenta graus negativos. Pensei que ia morrer ao passar do aeroporto para o avião. Entramos. Era como uma sala de visitas, com poltronas isoladas, afastadas umas das outras, móveis, para que se pudesse conversar em diferentes grupos.

Éramos alguns oficiais e poucos civis soviéticos, Raulito, eu, Pineiro e uma outra pessoa que não identifico. Sobrevoamos o polo num voo direto Murmanski-Havana. Eu achava que saía de um liquidificador, que havia estourado todas as minhas vísceras, tal era o tremor do avião.

Fiquei hospedado numa casa destinada a hóspedes especiais. Ali tinha um cozinheiro excelente. Comia-se muito bem e havia uma coleção de vinhos na adega que era realmente extraordinária. Eu é que não tinha boca nem talento para tais vinhos.

Importantes foram duas conversas que tive, uma de atravessar a noite, com *El Che*, outra com Fidel, numa manhã de domingo.

A conversa com Che, cordialíssima, na cobertura do edifício onde ficava seu ministério, cheia de livros e de objetos pessoais dele, foi também duríssima.

Ele não se arredava da ideia de que só a guerrilha levaria à revolução. Tratava-se de ter peito para as primeiras semanas. Depois a coisa fluiria, como se fosse um canal, da serra ao poder.

Eu insistia na ideia contrária, de que havia, ao menos para países como o Brasil, outros caminhos, mais eficazes.

Che me ouvia em silêncio, rindo maldoso seu belo riso, e voltava à teoria de um núcleo de fixação, de uma provocação irresistível, que obrigasse as Forças Armadas a enfrentar guerrilheiros dissimulados, fazendo-as perder pequenas batalhas, e que tornasse viável a marcha ao poder.

Sempre me lembrarei dessa conversa com Che Guevara. Ele, suave e duro como ninguém. Eu me desmanchando, palavroso, em argumentações.

A segunda conversação importante que tive foi com Fidel, numa praia próxima a Havana, aonde cheguei cedo e esperei várias horas por ele. Afinal chegou, vestido num pijama de lã com tornozeleiras, chuteiras, luvas, o diabo, o instrumental do futebol norte-americano. Suava como o demônio e também fedia.

Pensei cá pra mim: "Deve ser por isso que o chamam de *El Caballo*".

E ali mesmo sentou-se e começamos a conversar. Repetiu-se o mesmo diálogo que tive com Guevara. Cordial e mais firme ainda, Fidel expondo suas convicções e eu ponderando que um certo componente político era indispensável, mesmo para viabilizar a guerrilha.

A certa altura Fidel se exasperou. Foi quando eu falei de Moncada como passo prévio, indispensável para que se chegasse à guerrilha vitoriosa. Fidel gritou, se bem me lembro: "Yo fui un asesino, un asesino, maté ochenta compañeros. Los llevé a la muerte. Los asasiné. Si los hubiese llevado a la Sierra habríamos tomado el poder!".

Vi então que não podia convencê-lo nem ele convencer-me. Também não estava muito certo de que tivesse razão. Assim é que, quando *El Che* foi para o Peru criar seu ponto de provocação para fazer funcionar a mecânica da guerrilha, eu o apoiei inteiramente. E lhe dei toda a solidariedade quando morreu.

Minha sensação foi de uma perda terrível. Apenas ganhávamos sua imagem de santo. Em lugar de um herói novo vitorioso, de que precisávamos tanto, tínhamos um mártir, um novo Cristo, com aquela bela cara sofrida que ganhou grandes massas da juventude para uma atitude revolucionária.

Só andei em Cuba discretamente. Mesmo porque andava num Cadillac enorme que chamava muita atenção. Comi num restaurante que servia um feijão muito bom com carnes, tudo muito à brasileira. Lambi dois sorvetes num outro lugar célebre.

Minha outra saída foi para comer fora uma lagosta de onze minutos, que foi a melhor que comi na vida.

Voltando de Cuba, passei uns dias em Moscou. Como não vim ao mundo só para divertir-me, além de algumas conversas sérias andei pela cidade prodigiosa, que eu não conhecia, vendo detidamente o belo rio, com seus pescadores na margem ajardinada e com seus remadores na correnteza. Vi o celebrado metrô, que, aliás, é feiíssimo. Moscou me espantou principalmente pelo que espanta a todos: o Kremlin. Foi impossível não ver os milhares de quilômetros de prédios e apartamentos feitos pela mesma mão, feiíssimos. O Kremlin, ao contrário, é obra única no universo. Indescritível. Até o Teatro Bolshoi, moderno e belo, foi posto numa quina, tão escondido que não afeta a visão da cidade milenar. Vi o balé. Gostei, sem capacidade de apreciar a maravilha que será para olhos mais adestrados.

Gostei também de reunir-me com a nomenclatura no andar de cima, onde se toma champanhe e se come caviar.

Gastei um dia visitando a universidade. Feia como um bolo de noiva, detalhadíssima, mas dentro tem amplos corredores e laboratórios fantásticos. Foi lá que Stalin realizou seu grande feito: subornar os cientistas para que lhe dessem a bomba atômica, o que conseguiu em três anos e, com um ano mais, a bomba de hidrogênio. Assim a Rússia, encurralada pelas bombas que Truman explodiu no Japão para assustá-la, voltando a ter capacidade de represália, tornou a ter voz.

Contei a meu acompanhante uma anedota que correu no Ocidente sobre o referido suborno. Era tanto dinheiro de seus salários que os cientistas, além de comprar carros e dachas, faziam puras besteiras como a de Zalcharov, que, sem pensar nas consequências, comprou, para sua namorada, uma calcinha francesa de seda com uma rosinha bordada ao lado.

A inveja das outras meninas foi tamanha que houve quem pagasse 5 mil dólares por outra calcinha.

As conversas políticas foram com quadros russos especializados em América Latina. Sabiam tudo de nós. De mim só queriam saber como conseguimos perder o poder, assunto que me vexa muito demais. Adiantaram que estariam atentos, vendo levantar-se a reação contra a ditadura e a retomada do poder.

Quando tivéssemos êxito, eles não seriam os últimos a reconhecer nosso governo.

Melhor foram as conversas com gente da Academia de Ciências. Tinham lido livros meus e me sondaram para ver se me interessava um contrato de um ano em Moscou.

Voltando a Montevidéu, vi que todo o ambiente transmutara-se. O governo uruguaio, pressionado pela ditadura brasileira, decidiu internar a mim e ao Brizola.

A ele fizeram viver num apartamento de uma praia frigidíssima no inverno, até que comprou um campo com uma casa modestíssima, onde foi viver com a Neusa.

Eu, sendo professor da universidade, fiquei confinado em Montevidéu, com um carimbo posto no passaporte dizendo que o portador, saindo do país, não poderia retornar.

Eu me tornara um apátrida, essa condição aterrorizadora para as empresas de navegação e aviação, que, o aceitando, correm o risco de passar anos com o passageiro a bordo, sem que ele possa desembarcar em porto algum.

Naqueles anos, eu não pude ir nem mesmo a Buenos Aires, a vinte minutos de distância. Nem aos outros centros urbanos argentinos, como Córdoba.

Ali grupos de intelectuais com que eu me afinava muito faziam uma revisão do marxismo de Engels à luz dos textos recém-publicados do Grundrisse, do próprio Marx. Desses papéis surgiu um marxismo oposto, muito mais explicativo da evolução histórica.

Meus primeiros meses de exílio foram desesperantes, tanto que eu ocupava quase todo o meu tempo lendo livros de ficção científica para alimentar a fera de minhas frustrações. Li centenas deles.

Também ia à casa de Brizola participar do circuito paranoico do exílio. Uns dez homens coexistiam ali, tensos, falando de um contragolpe que se tornava cada vez mais inverossímil.

A notícia de uma placa que caíra de uma loja em Porto Alegre logo de manhã, ao fim da tarde se tornava uma placa de Brasília que caíra na cabeça de um coronel.

Brizola me disse uma vez e repetiu várias vezes: "Veja, Darcy. Nós estamos com um canhão apontado aqui, esperando o barco passar para derrubá-lo. Mas o barco já está chegando na área de tiro e vai passar e nós não temos o canhão pronto".

Assim, de uma forma gráfica, como costumava fazer, ele expressava a frustração de todos nós.

Ocorriam ali coisas bizarras. Por exemplo, um dos companheiros chegava toda tarde, dizendo que tinha certeza de que uma pessoa o seguia. Era polícia uruguaia ou brasileira, o cara tinha jeito de uruguaio, mas o seguia até perto da porta da casa do Brizola. Disse que a nós todos deviam estar nos seguindo também, mas nós não prestávamos atenção, não víamos.

Um dia chegou sem falar do tal policial. Perguntamos e ele revelou: "Que nada, era uma bicha uruguaia!"

Outro companheiro, um intelectual competente, foi visto na principal avenida de Montevidéu fazendo gestos rápidos e largos como se agarrasse alguma coisa com a mão direita, depois com a mão esquerda. Quando alguém se acercou e perguntou o que é que ele estava caçando, disse: "É um gurupá".

O cara perguntou: “O que é isso?”

Ele respondeu: “Não sei. Ainda não peguei nenhum!”.

Essas eram as histórias que corriam, atribuídas a uma pessoa ou a outra. Um dia fui procurado em minha casa por um sargento exilado como todos nós, seguido de um companheiro dele, de cara fechada e um olhar de ódio incontido para mim. Mandei sentar e perguntei o que era. O sargento logo se queixou: “Esses imbecis querem que eu fale com o senhor. O senhor não entende nada de armas. Uma bobagem. Mas, como a regra é essa, estou aqui para falar”.

Mandei que ele falasse. Ele perguntou: “O nosso problema é ou não pôr a mão nas armas?”

Eu disse: “É, de fato precisamos de armas”.

“Pois é. Pois é coisa nenhuma, eu sei como conseguir as armas, eu posso conseguir cinco metralhadoras muito boas, mas querem que eu fale com o senhor!” respondeu ele.

Ele explicou que o plano era, junto com os companheiros, assaltar a guarda do presidente da República, que andava molemente com a metralheta debaixo do braço, em cima do braço, muito desleixados. Passei o pito mais severo que podia, mostrando a loucura que seria atacar a guarda presidencial do país que nos abrigava como exilados. Saíram bufando, raivosos.

Outra besteira desses sargentos e cabos foi invadir a embaixada da Iugoslávia exigindo asilo, porque queriam ir para a Europa. Tive que ir lá a pedido do Ministério das Relações Exteriores. Disse a eles que só não estavam presos porque eu interferi, pedindo que os deixassem sair. “Isso é besteira. A Iugoslávia não tem asilo. Asilo é uma instituição latino-americana.”

O Uruguai, porém, foi para mim um exílio fecundo. Lá, nas longas horas que o exílio nos dava, estudei e escrevi muito. De fato, não tendo família que cuidar, nem velhos amigos que receber e visitar, nem obrigações sociais, tipo batizado ou casamento, nem mesmo ativismo político, a sobra de tempo era imensa, para espreguiçar ou para trabalhar. O ambiente intelectual do Uruguai e da universidade era muito estimulante.

E eu tinha gente como Sadoski e Cora, que ouviam pacientemente a leitura de meus textos. Foi também muito útil a biblioteca pública, onde encontrei toda a bibliografia que podia desejar sobre a América Latina.

Lá escrevi a primeira versão de *O povo brasileiro*, que abandonei para escrever uma teoria explicativa do Brasil, indispensável para que nossa história fosse compreensível e explicada.

Resultou nos seis volumes de meus estudos de antropologia da civilização, todos escritos ou esboçados lá. Completei no Uruguai *O processo civilizatório* e *Os índios e a civilização*, livro que eu me devia fazia muitos anos. Lá também, para descansar do duro trabalho de elaboração desses livros teóricos, vi nascer a primeira versão de *Maíra*. Qualquer hora conto como foi.

Ao fim de quatro anos de confinamento em Montevidéu, eu não aguentava mais. Queria fugir de qualquer jeito. Cheguei até a negociar minha ida por dois anos para a China, a fim de escrever um livro sobre a Revolução Chinesa, que eu via e vejo como a mais importante da História humana. Meu plano tresloucado era ler uma dezena de sábios chineses através de intérpretes: arqueólogos, historiadores, geógrafos, cientistas sociais de todos os naipes. Com o saber chupado deles, de sua visão do que foi e é a China, inventaria a China do presente e do futuro. O plano chegou a ser aprovado pelos chineses, através de um contato brasileiro, o comunista Amaurílio Vasconcelos. Ia receber um *laissez-passer* e voar quando mudei de ideia.

Lendo as notícias dos jornais brasileiros sobre a Marcha dos Cem Mil, no Rio de Janeiro, eu me perguntava o que é que eu estava fazendo no Uruguai, se os meninos estavam oferecendo os corações às balas.

Contra a opinião de todos, especialmente de Jango e Brizola, que achavam aquilo uma temeridade, voltei.

Chamei meu advogado, Wilson Mirza, e só pedi que avisasse a ditadura que eu iria desembarcar no avião tal, à hora tal, no aeroporto do Galeão. Não queria ser preso pelo oficial de dia, e sim pela ditadura, se essa fosse sua resolução. Mirza também desaconselhava, mas homem bravo que é, sentou-se a meu lado e voamos juntos.

No Rio, passei pelo aeroporto só com a advertência de que deveria procurar, no dia seguinte, a Ordem Política e Social. Fomos lá e eu respondi a um questionário tolo, com sins e nãos.

Instalei-me com Berta num apartamento emprestado, porque o nosso estava alugado, e vivi quase três meses feliz. Eu não sabia a razão daquela alegria toda em que eu espumava como se fosse champanhe. Vi depois que ela vinha do burburinho de tanta gente falando e rindo em português. Era encantador para meus ouvidos de exilado.

PRESTONIA *hirsuta.*

A AMÉRICA LATINA EXISTE?

Existe uma América Latina? Não há dúvida que sim. Mas é sempre bom aprofundar o significado desta existência.

No plano geográfico é notória a unidade da América Latina como fruto de sua continuidade continental. A esta base física, porém, não corresponde uma estrutura sócio-política unificada e nem mesmo uma coexistência ativa e interatuante. Toda a vastidão continental se rompe em nacionalidades singulares, algumas delas bem pouco viáveis como quadro dentro do qual um povo possa realizar suas potencialidades. Efetivamente, a unidade geográfica jamais funcionou aqui como fator de unificação porque as distintas implantações coloniais das quais nasceram as sociedades latino-americanas coexistiram sem conviver, ao longo dos séculos. Cada uma delas se relacionava diretamente com a metrópole colonial. Ainda hoje, nós, latino-americanos, vivemos como se fôssemos um arquipélago de ilhas que se comunicam por mar e pelo ar e que, com mais frequência, voltam-se para fora, para os grandes centros econômicos mundiais, do que para dentro. As próprias fronteiras latino-americanas, correndo ao longo da cordilheira desértica, ou da selva impenetrável, isolam mais do que comunicam e raramente possibilitam uma convivência intensa.

No plano linguístico-cultural, nós, os latino-americanos, constituímos uma categoria tanto ou tão pouco homogênea como o mundo neo-britânico dos povos que falam predominantemente o inglês. Isto pode parecer insuficiente para os que falam da América Latina como uma entidade concreta, uniforme e atuante, esquecendo-se de que dentro dessa categoria estão incluídos, entre outros, os brasileiros, os mexicanos, os haitianos e a intrusão francesa do Canadá, devido a sua uniformidade essencialmente linguística de neolatinos. Ou seja: povos tão diferenciados uns dos outros, como os norte-americanos o são dos australianos e dos "africâner", por exemplo. A simples enumeração mostra a amplitude das duas categorias e sua escassa utilidade classificatória.

Reduzindo a escala de latinos para ibéricos, encontramos uma unidade um pouco mais uniforme. Na verdade, bem pouco mais homogênea, porque apenas excluiria os descendentes da colonização francesa. Continuariam, dentro dessa categoria, os brasileiros, os argentinos, os cubanos, os porto-riquenhos, os chilenos, etc. Do ponto de vista de cada uma destas nacionalidades, sua própria substância nacional tem muito mais singularidade e vigor do que o denominador comum que as faz ibero-americanas.

Se reduzirmos ainda mais a escala, poderemos distinguir duas categorias contrastantes. Um conteúdo luso-americano concentrado todo no Brasil e um conteúdo hispano-americano que congrega o restante. As diferenças entre uns e outros são pelo menos tão relevantes como as que distinguem Portugal da Espanha. Como se vê, pouco significativa, por que fundada numa pequena variação linguística que não chega a ser obstáculo para a comunicação, ainda que tendamos a exagerá-la com base numa longa história comum, interatuante, mas muitas vezes conflitante.

SEMELHANÇAS E DIFERENÇAS

Voltando a olhar o conjunto da América Latina, observam-se certas presenças e ausências que colorem e diversificam o quadro. Por exemplo, a presença indígena é notória na Guatemala e no Altiplano Andino, onde é majoritária, e no México, onde os índios se contam aos milhões e predominam em certas regiões. Nestes casos, é tão grande a massa de sobreviventes da população indígena original que se integrou às sociedades nacionais com um campesinato etnicamente diferenciado, que seu destino é se reconstruírem, amanhã, como povos autônomos. Isso significa que países como a Guatemala, a Bolívia, o Peru e o Equador e áreas extensas de outros como o México e a Colômbia estarão sujeitos, nos próximos anos, a profundas convulsões sociais de caráter étnico que redefinirão aqueles quadros nacionais ou os reestruturarão como federações de povos autônomos.

Totalmente distinta é a situação dos demais países onde só se encontram microetnias tribais, mergulhadas em vastas sociedades nacionais etnicamente homogêneas. Nestes casos, uma presença indígena visível, seja na língua como o guarani do Paraguai — seja, sobretudo, no fenótipo da maioria da população, como ocorre no

Brasil, no Chile, na Venezuela —, deve ser levada em conta. Mas não justificaria incorporá-los numa categoria à parte de indo-americanos como já se sugeriu. É improvável que por esta linha se chegue a alcançar uma tipologia explicativa. Todos estes povos têm no aborígine uma de suas matrizes genéticas e culturais, mas sua contribuição foi de tal forma absorvida que qualquer que seja o destino das populações indígenas sobreviventes, não se alterará muito sua configuração étnica.

Em outras palavras: a miscigenação, absorção e europeização dos antigos grupos indígenas no seio da população nacional estão completas ou em marcha. e tendem a homogeneizar — embora não a fundir — todas as matrizes étnicas, convertendo-as em modos diferenciados de participação na mesma etnia nacional.

Isto não significa que os índios que sobreviveram como tribos nestes países venham a desaparecer. Ao contrário, apesar de cada vez mais aculturados, eles sobreviverão diferenciados e serão cada vez mais numerosos.

Outro componente que diferencia o quadro, emprestando-lhe aspectos particulares, é a presença do negro africano que se concentra de forma maciça na costa brasileira de mais antiga colonização e nas áreas de mineração, e também nas Antilhas, onde floresceu a plantação açucareira. Fora dessas regiões, encontram-se diversos bolsões negros na Venezuela, Colômbia, Guianas, Peru, e em algumas áreas da América Central.

Também neste caso, a absorção e assimilação chegaram a tal ponto que se americanizou esse contingente da mesma forma que os demais, ou talvez de uma forma mais completa que qualquer outro. É certo que reminiscências africanas no folclore, na música e na religião são palpáveis nas áreas onde a afluência negra foi maior. Mas sua persistência se explica, principalmente, pelas condições de marginalização dessas populações, que em nenhum caso constituem blocos étnicos inassimiláveis e aspirantes à autonomia.

Outras intrusões, não-europeias, como a dos japoneses no Brasil, dos chineses no Peru, dos indianos nas Antilhas, igualmente diferenciam algumas áreas, emprestando um sabor especial à sua cozinha e afirmando-se em algumas outras esferas. O assinalável nestes casos — como ocorre também com os negros — é que estamos em presença de contingentes que trazem em si uma marca racial distintiva com relação ao resto da população.

Este fato tem, obviamente, consequências. Principalmente a de não facilitar o reconhecimento de uma assimilação já completa ou que só não se completa devido à persistência de marcas raciais que permitem seguir tratando como afro, nisei, chinês ou indiano pessoas que só são tais em seu fenótipo, dadas sua aculturação plena e sua completa integração no quadro étnico nacional.

Os antropólogos, particularmente interessados nas singularidades destas populações, produziram uma vasta literatura que ressalta, talvez de forma excessiva, as diferenças.

Realmente, é possível elaborar longas listas de sobrevivências culturais que permitem vincular esses núcleos às suas matrizes de origem. O certo, porém, é que, aqui também, as semelhanças são mais significativas que as diferenças, já que todos esses contingentes estão plenamente "americanizados".

Nos planos linguístico e cultural são gente de seu país e até "nossa gente" na identificação emocional corrente das populações com que convivem. Suas peculiaridades, tendentes talvez a esmaecer, apenas os fazem membros diferenciáveis da comunidade nacional em razão de sua remota origem.

O mesmo ocorre com os componentes de contingentes europeus não-ibéricos chegados em época mais recente. Cada um deles representa uma forma especial de participação, nem superior nem inferior, no ser nacional, que permite defini-los, restritivamente, como, por exemplo, anglo-uruguaios, ítalo-argentinos, teuto-chilenos ou franco-brasileiros.

É de assinalar, porém, que todos eles gozam de uma posição social mais alta, alcançada em razão de eventuais vantagens culturais e econômicas, mas principalmente de uma maior aceitação social que os privilegia em sociedades dominadas pelos brancos.

Muito embora acima de todos os fatores de diversificação sobressaiam os de uniformidade, certas diferenças visíveis alcançam, frequentemente, um sentido social discriminatório. É o caso, por exemplo, do paralelismo entre cor da pele e pobreza, que dá lugar a uma estratificação social de aparência racial.

Assim, os contingentes negros e indígenas que tiveram de enfrentar enormes obstáculos para ascender da condição de escravos à de proletários concentraram-se principalmente nas camadas mais pobres da população. Além da pobreza oriunda da super-exploração de que foram e são vítimas pesa sobre eles muita discriminação, inclusive a proveniente da expectativa generalizada de que continuem ocupando posições subalternas, as quais dificultam sua ascensão a postos mais altos da escala social. Aparentemente, o fator causal encontra-se na origem racial e na presença de sua marca estigmatória, quando de fato só se explica pelas vicissitudes do processo histórico que os situou na posição de vítimas. Eles são a contraparte desprivilegiada dos euro-americanos. Embora constituindo o grosso da força de trabalho — ou por isso mesmo, enquanto descendentes de escravos —, eles são tratados com superioridade e descaso.

Assim é que a cor da pele, ou certos traços raciais típicos do negro e do indígena, operando como indicadores de uma condição inferior, continuam sendo um ponto de referência para os preconceitos que pesam sobre eles.

Embora presente na América Latina, e frequentemente de forma muito acentuada, o preconceito racial não assume aqui o caráter discriminatório e isolacionista que se observa, por exemplo, nos Estados Unidos. Ali, a discriminação recai sobre os descendentes de africanos ou indígenas, qualquer que seja a intensidade da marca racial que carreguem, tendendo a excluí-los do corpo social por se considerar indesejável a mescla com eles. Na América Latina, o preconceito racial é predominantemente de marca e não de origem. Ou seja: recai sobre uma pessoa na proporção de seus traços racialmente diferenciadores e implicitamente incentiva a miscigenação, porque aspira "branquear" toda a população.

Trata-se, sem dúvida, de um preconceito racial, porque a sociedade só admite os negros ou indígenas como futuros mestiços, rechaçando seu tipo racial como ideal do humano. Mas se trata de um preconceito especial que discrimina o fenótipo negro e o indígena por não estar ainda diluído na população majoritariamente mestiça, cujo ideal de relações interraciais é a fusão.

UNIFORMIDADE SEM UNIDADE

Por cima das linhas cruzadas de tantos fatores de diferenciação — a origem do colonizador, a presença ou ausência e o peso do contingente indígena e africano e de outros componentes —, o que sobressai no mundo latino-americano é a unidade do produto resultante da expansão ibérica sobre a América e o seu bem-sucedido processo de homogeneização. Com todos esses contingentes — presentes em maior ou menor proporção em uma ou outra região —, edificaram-se sociedades étnico-nacionais cujas populações são produto do cruzamento e querem continuar fundindo-se.

Excetuando os indigenatos originários de altas civilizações ou microetnias tribais que sobreviveram isoladas, em nenhum caso encontramos os índios originais; nem os europeus ou asiáticos ou africanos tal como eram quando se desprenderam de suas matrizes. Seus descendentes são neo-americanos, cuja visão do mundo, modos de vida e aspirações — essencialmente idênticos — fazem deles um dos ramos mais floridos do gênero humano.

Amalgamando gente procedente de todos os quadrantes da Terra, criaram-se aqui povos mestiços que guardam em seus rostos étnico-culturais heranças tomadas de todas as matrizes da humanidade. Estas heranças difundindo-se em vez de se concentrarem em quistos étnicos, se impuseram à matriz básica — principalmente ibérica, em alguns países, principalmente indígena ou africana em outros — matizando o painel latino-americano sem quebrá-lo em componentes opostos uns aos outros. O que se destaca como explicativo é, pois, uma vez mais, a uniformidade e o processo de homogeneização que engloba mais de 90% dos latino-americanos.

Essa mesma homogeneização em curso é notória em certos planos, como o linguístico e o cultural. Com efeito, as línguas faladas na América Latina, e os respectivos complexos culturais, são muito mais homogêneos que os existentes nas respectivas nações colonizadoras, e talvez mais do que os de qualquer outra área do mundo, exceto a neo-britânica.

De fato, o castelhano e o português falados nas Américas experimentaram menor número de variações regionais que nas nações de origem. O castelhano, falado por centenas de milhares de pessoas na América Latina, apesar de cobrir uma extensíssima área, só varia regionalmente quanto ao sotaque, uma vez que sequer derivou em algum dialeto, enquanto na Espanha continuam sendo faladas várias línguas mutuamente ininteligíveis. O mesmo ocorre em relação à língua portuguesa e à inglesa. Ou seja: os espanhóis, portugueses e ingleses, que jamais conseguiram assimilar os bolsões linguístico-dialetais de seus reduzidos territórios, ao mudarem-se para as Américas impuseram às suas colônias, imensamente maiores, uma uniformidade linguística quase absoluta e uma homogeneidade cultural igualmente notável.

Voltamos, assim, à uniformidade inicial. Pouco importa que ela não seja percebida com clareza em cada entidade nacional, inclusi ve porque cada nacionalidade é um esforço por ressaltar singularidades como mecanismo de auto-glorificação e auto-afirmação, que só têm sentido para aqueles que participam das mesmas lealdades étnicas. O certo é que nossa latino-americanidade, tão evidente para os que nos olham de fora e vêem nossa identidade macroétnica essencial, só ainda não faz de nós um ente político autônomo, uma nação ou uma federação de estados nacionais latino-americanos. Mas não é impossível que a história venha a fazê-lo.

A meta de Bolívar era opor aos estados unidos setentrionais os estados unidos meridionais. A Pátria Grande de Artigas, a Nuestra América de Martí apontam no mesmo rumo.

A que se deve esse poder unificador? O que explica a resistência à assimilação de ilhas linguístico-culturais, como o país basco, o galego e o catalão ou ainda de regiões dialetais como as portuguesas, em comparação com a flexibilidade de contingentes tão diferenciados como os que formaram os povos ibero-americanos?

A explicação está, talvez, nas características distintivas do próprio processo de formação dos nossos povos, que são sua intencionalidade, sua prosperidade e sua violência. Aqui, a metrópole colonialista teve um projeto explícito e metas muito claras, atuando da forma mais despótica. Conseguiu, quase de imediato, subjugar a sociedade preexistente, paralisar a cultura original e converter a população em uma força de trabalho submissa.

Contribuiu também para a homogeneização a própria prosperidade do empreendimento colonial, seja na etapa do saque de riquezas secularmente acumuladas, seja nas variadas formas posteriores de apropriação da produção mercantil. Tanta riqueza permitiu montar uma vasta burocracia militar, governamental e eclesiástica, que passou a reger a vida social em cada detalhe. As empresas produtivas se implantaram segundo planos precisos. As cidades surgiram plantadas por atos de vontade, com ruas traçadas segundo um padrão preestabelecido e com edificações também moduladas de acordo com traços prescritos. As próprias categorias étnico-sociais que se vão formando têm também toda a sua vida regulamentada: estabelece-se a que empregos poderiam aspirar, que roupas e até que tipo de joias poderiam exibir e com quem poderiam se casar. Toda esta ordenação artificial, intencional, teve em mira um objetivo supremo: defender e fazer prosperar a colônia para usufruto da metrópole. E um objetivo secundário, embora apresentado como o fundamental: criar um filhote da sociedade metropolitana, mais leal que ela à ideologia católico-missionária.

As classes dominantes nativas, como gerentes daquele pacto colonial e desta reprodução cultural, jamais formaram o cume de uma sociedade autônoma. Eram apenas um estrato gerencial que custodiava e legitimava a colonização. Uma vez independentizadas suas sociedades, o caráter exógeno dessas classes dominantes, forjado no período colonial, e seus próprios interesses induziram-nas a continuar regendo suas nações como cônsules de outras metrópoles. Para isso instituíram uma ordenação sócio-econômica e política adequada, com fundamento no latifúndio e no entreguismo, e promoveram a criatividade cultural como uma representação local de tradições culturais alheias.

A intencionalidade do processo levou, por um lado, a uma busca de racionalidade enquanto esforço por obter efeitos previstos através de ações eficazes; e, por outro lado, à determinação de alcançar os desígnios dos colonizadores na forma de um projeto intencional alheio às aspirações da massa da população conscrita como força de trabalho. Em nenhum momento, no curso do processo de colonização, estes contingentes envolvidos na produção constituem uma comunidade que exista para si, um povo com aspirações próprias que possa realizar como requisitos elementares de sua sobrevivência e prosperidade. Constituem, de fato, um combustível humano em forma de energia muscular, destinado a ser consumido para gerar lucros.

Pouco a pouco vai surgindo uma contradição irredutível entre o projeto do colonizador e seus sucessores e os interesses da comunidade humana resultante da colonização. Ou seja: entre os propósitos e os procedimentos da classe dominante, subordinada, e a maioria da população que ativava o empreendimento, primeiro colonial, depois nacional. Para essa população o desafio colocado ao longo dos séculos foi o de amadurecer como um povo para si, consciente de seus interesses, aspirante à co-participação no comando de seu próprio destino. Dada a oposição classista, tratava-se de conquistar estas metas através da luta contra a classe dominante gerencial da velha ordenação social. Ainda hoje este é o desafio principal com que nos defrontamos todos nós latino-americanos.

ANTAGONISMO ESSENCIAL

A expressão *América Latina* alcança conotações altamente significativas na oposição entre anglo-americanos e latino-americanos, que, além de seus diversos conteúdos culturais, contrastam mais fortemente ainda quanto aos antagonismos sócio econômicos.

Aqui, os dois componentes se alternam, como a América pobre e a América rica, com posições e relações assimétricas de poderio em um pólo e dependência no outro. Pode-se dizer que, de certa forma, é principalmente como o outro lado da América rica que os latino-americanos melhor se reúnem debaixo de uma mesma denominação.

Outra conotação bipolar origina-se na visão de outros povos com respeito à América Latina, que unifica e confunde nossos países como variantes de um mesmo padrão de povos, resultantes todos da colonização ibérica e vistos todos como atrasados e subdesenvolvidos. Esta visão arquitetônica externa, apesar de construída com as vantagens e os inconvenientes da distância e da simplificação, talvez seja a mais verdadeira.

Por que insistimos que somos brasileiros e não argentinos, que nossa capital é Brasília e não Buenos Aires? Ou que somos chilenos e não venezuelanos, ou que nossos ancestrais indígenas são os incas, porque os astecas são dos mexicanos?

O observador distante poderia argumentar: por acaso todos vocês não são os descendentes da matriz indígena? Os resultantes da colonização ibérica? Não se emanciparam todos no curso de um mesmo movimento de descolonização? Ou não são os que, depois de independentes, hipotecaram seus países, sem distinção, aos banqueiros ingleses? Vocês se reconhecem ou não como os que foram e estão sendo recolonizados pelas corporações norte-americanas?

Por sobre todos estes fatores de diversificação e de unificação, o motor de integração que operou e ainda opera na América Latina, forjando sua uniformidade cultural e prometendo concretizar amanhã sua unidade sócio-política e econômica, reside no fato de sermos o produto de um mesmo processo civilizatório — a expansão ibérica — que aqui implantou seus rebentos com prodigiosa capacidade de crescer e se multiplicar.

Frente a esta unidade essencial do processo civilizatório e de seus agentes históricos — os ibéricos —, as outras matrizes aparecem como fatores de diferenciação. Os grupos indígenas — variados como eram em suas pautas culturais e em seus graus de desenvolvimento — só teriam contribuído para a diversificação se houvessem sido o fator preponderante. Os núcleos africanos, por sua vez, originando-se de uma infinidade de povos, também teriam criado múltiplos rostos no Novo Mundo se houvessem imposto seus elementos culturais de forma dominante.

A unidade essencial da América Latina decorre, como se vê, do progresso civilizatório que nos plasmou no curso da Revolução Mercantil — especificamente, a expansão mercantil ibérica —, gerando uma dinâmica que conduziu à formação de um conjunto de povos, não só singular frente ao mundo, mas também crescentemente homogêneo. Mesmo quando sobreveio um novo processo civilizatório, impulsionado, desta vez, pela Revolução Industrial, e a América Latina se emancipou da regência ibérica — e no mesmo impulso se fragmentou em múltiplas unidades nacionais —, aquela unidade macroétnica se manteve e se acentuou.

O processo civilizatório que opera nos nossos dias, movido agora por uma nova revolução tecnológica — a termonuclear —, por mais que afete os povos latino-americanos, só poderá reforçar sua identidade étnica como um dos rostos pelo qual se expressará a nova civilização. É até muito provável que engendre a entidade política supranacional que, no futuro, será o quadro dentro do qual os latino-americanos viverão o seu destino.

Dentro deste quadro se destacarão mais visíveis e afirmativas do que hoje algumas nacionalidades indígenas (quéchua, aimará, maia, mapuche, etc.) atualmente oprimidas. Mas o cenário macroétnico dentro do qual todos os povos do subcontinente coexistirão, terá uma feição ibero-americana.

TIPOLOGIA POLÍTICA LATINO-AMERICANA

Propus uma vez uma tipologia ideal dos regimes e das formas de militância política da América Latina.

Ela não é satisfatória, bem sei. Mas é, provavelmente, melhor do que as classificações inexplícitas que se encontram tanto nos textos de ciência política como na linguagem corrente. Uns e outros empregam os termos democracia, fascismo, revolução, radical, liberal e muitos outros, das formas mais contraditórias e desencontradas. Quase tão desencontradas como as autodesignações dos partidos políticos e dos regimes da América Latina, que jamais poderiam ser entendidos, no que são, pelos nomes que se dão. Volto agora ao tema num rápido reexame, deliberadamente provocativo, porque desejaria suscitar um debate sobre a forma, o conteúdo e a eficácia dos regimes e dos tipos de ação política que se observam entre nós.

A tarefa envolve grandes dificuldades, a começar pelo fato de que só busca classificar alguma coisa quem supõe que ela existe num limitado número de variáveis, mutuamente exclusivas, e que cada uma delas se deixa reconhecer por atributos distintivos. É muito duvidoso que isso ocorra em matéria política. Nesse campo, não se pode pretender mais que definir alguns paradigmas dos quais se aproxime, em maior ou menor grau, cada uma das formas reais de conduta política. O problema se complica, no nosso caso, porque não pretendemos apenas acrescentar um discurso a mais ao debate dos politicólogos. Nosso propósito é construir uma tipologia válida para a análise científica e útil como instrumento de ação política. Só assim ela poderá contribuir para superar tanto a fatuidade dos politicólogos como a esterilidade da maioria dos estudos exegéticos de base marxológica.

CONFUSÃO E PERPLEXIDADE

O que me preocupa é sair da névoa confusa da adjetivação política, que induz tantos a falar, tão enfática como irresponsavelmente, de "democracia mexicana", de "fascismo peruano" ou de "revolução brasileira". Como explicar tamanha confusão? Seríamos os latino-americanos tão singularmente atípicos que aqui todos esses conceitos, mais ou menos tranquilos para todo o mundo, entrariam em confluências e ambiguidades? Não seria essa confusão toda resultante da velha alienação colonial que só nos deixa ver a nós mesmos com a visão alheia, metropolitana? Creio mais na segunda hipótese, isto é, que parecemos tão confusos não por sermos muito complexos e singulares, mas pela incapacidade de olharmos diretamente nossa própria realidade e de buscarmos explicá-la em termos significativos para nós mesmos. Nesse sentido pode-se afirmar que a confusão terminológica revela males mais graves, que são a alienação mental e a indigência teórica.

Só assim se explicam paradoxos tão nossos como os de classificar de "fascistas" os regimes de Vargas e Perón, vistos pelas grandes massas, do Brasil e da Argentina, como os mais favorecedores de seus interesses. Ou a ingenuidade de ironizar a revolução mexicana ou a peruana como se as únicas revoluções dignas desse nome fossem as socialistas. Ou, ainda, o simplismo de colocar em duas grandes categorias o "fascismo" e o "socialismo", todas as formas de ação política da América Latina. Ou, finalmente, tratar como "populismos" governos e lideranças tão diferentes como os de Cárdenas, Perón, Fidel ou Allende; e como "burocracias autoritárias" regimes militares tão opostos um ao outro como o brasileiro e o peruano atuais.

O que se faz habitualmente nesses estudos é comparar modos de ação política observáveis entre nós com arquétipos tomados da análise de outras realidades. O resultado é apresentar nossos regimes como se fossem irremediavelmente precários e espúrios, e nossa conduta política como se correspondesse a ridículas tentativas de imitar a conduta alheia. É certo que a principal fonte de nossas ideias políticas é exógena. Também é certo que nossas formas de conduta política são frequentemente miméticas. O mais certo, porém, é que não estamos representando uma farsa política, e sim vivendo situações dramáticas de despotismo e opressão e de sucessivas frustrações de revoluções abortadas.

Nessas mesmas análises ignora-se com frequência que nossas precárias condições políticas não se opõem a nenhuma institucionalidade democrática completamente amadurecida. Ninguém, em parte alguma, criou instituições que permitam ao povo constituir ou derrubar governos sem intermediações ou manipulações. O máximo que se conseguiu — e que alimenta o orgulho de tantos ingênuos — está estigmatizado por mistificações e até mesmo pela corrupção e a falsidade. Nessas condições, os nossos esforços por reduzir a uns poucos tipos as múltiplas formas de pensamento e de ação política que se registram entre nós devem limitar-se ao estudo comparativo das nossas próprias formas de vivência política. Só encarando objetivamente a nossa própria realidade e repensando criticamente a nossa experiência verificaremos que ela pode ser tida como necessária em razão das forças históricas que a conformaram. Mas, ao mesmo tempo, pode ser tida como contingente e, portanto, alterável se tivermos a sabedoria de orientar as forças da causalidade no rumo dos interesses nacionais e populares, assim como elas foram orientadas até agora em sentido oposto. Para alcançar esse objetivo, urge proceder à revisão da nossa terminologia política e fazer a crítica correspondente das teorias que pretendem descrever e explicar nossa realidade à base de conceitos calcados em outros contextos.

Essa revisão crítica é imperativa para a esquerda latino-americana, cuja indigência teórica só nos tem feito experimentar fracassos. Estes foram tantos e tão dramáticos, na última década, e nos fizeram perder tantas posições de poder, que nosso tempo será tido, na história, como a era da grande confusão teórica e das grandes frustrações políticas. Na raiz desses fracassos está, sem dúvida, a capacidade política dos adversários que nos venceram.

Mas também estão nossas próprias deficiências. Clarividência é a munição de que mais necessitamos para levar adiante as revoluções possíveis na América Latina. Sobretudo nessa altura da década de 1970, em que, despojados das estratégias revolucionárias em que mais confiávamos, somos desafiados a traçar novas "linhas" que só serão mais eficazes se forem mais lúcidas.

Na verdade, até a revolução cubana e o voluntarismo que ela alentou, a estratégia das esquerdas latino-americanas era a linha aliancista dos partidos comunistas. Ela não conduziu nenhum movimento à revolução, e, de fato, não se propunha a fazê-lo, mesmo porque estava orientada mais para melhorar a ordem vigente do que para transformá-la desde suas bases. A vitória dos revolucionários cubanos veio desmoralizar tanto o "frente-unionismo" como o conservadorismo característico da linha política dos comunistas ortodoxos. À luz das concepções daquela linha, a vitória cubana pareceria um fruto da "ignorância", uma vez que, se Fidel e Che Guevara soubessem o que sabia qualquer dirigente comunista formado segundo as melhores teorias da época, não teriam ousado saltar de uma situação neocolonial para uma revolução socialista. Mas em sua "inocência" eles o lograram e, desse modo, não só consolidaram a única revolução socialista do continente como também pareceram abrir um novo caminho à revolução social.

Todos se puseram, desde então, a teorizar a experiência de Cuba na forma de uma estratégia voluntarista que reduzia a revolução social a uma operação guerrilheira. Segundo essas "leituras" da experiência cubana, qualquer grupo revolucionário que subisse à montanha, ali resistindo alguns meses, se expandiria depois numa ofensiva que o levaria ao poder. Dezenas de grupos muito mais numerosos tentaram repetir o milagre cubano em quase todas as nações da América Latina. Só conheceram fracassos porque nenhum deles era a cabeça de um iceberg, como os guerrilheiros de Sierra Maestra, integrados numa ampla organização política de massas urbanas — o Movimento de 26 de Julho — e comandados por quem era, já então, o principal líder popular cubano.

As esquerdas latino-americanas, desiludidas do "quietismo" dos comunistas e depois do voluntarismo dos cubanos, entraram na década de 1970 órfãs e perplexas. A duras penas, haviam aprendido, por um lado, que as ações armadas, embora tivessem algum valor de contestação onde nenhuma outra resposta política era viável, não constituíam uma porta aberta a uma revolução fácil e rápida. Aprenderam, por igual, que não é prudente esperar que surja, na América Latina, o proletariado que Marx — e depois dele gerações e gerações marxistas — esperou toda a vida ver alçar-se nos grandes centros industriais como uma força revolucionária irresistível.

Nos últimos anos, um terceiro caminho, ainda mais desafiante, se insinuou no Chile, configurando-se, para uns, como uma incitação e, para outros, como um engodo da história. Parecia que ali, em 1971, se repetiria, na forma de um socialismo evolutivo, o que ocorrera na Rússia de 1917 na forma de um socialismo revolucionário. Assim como a revolução operária e a ditadura do proletariado esperadas para a Alemanha industrializada acabaram cristalizando-se na Rússia atrasada, um movimento histórico equivalente ocorrera no Chile. Nos dois casos, porém, o socialismo não surgia como a superação do capitalismo industrial, assentado no saber tecnológico e na riqueza que ele acumulara. Surgia, isso sim, como um instrumento da aceleração evolutiva capaz de levar ao pleno desenvolvimento nações imersas no atraso. Aparentemente no Chile se inaugurava, sobre o atraso latino-americano, o socialismo-em-liberdade vaticinado pelos teóricos mais otimistas, para a França e a Itália, com seus grandes partidos de esquerda. Supunha-se que no Chile se experimentava historicamente a viabilidade da marcha ao socialismo dentro de um regime parlamentar multipartidário e sob a vigilância de forças armadas, que, de guardiãs da velha ordem privatista e minoritária, se converteriam em sustentáculos da nova ordem socialista e majoritária. O desastre chileno comoveu a todos nós. Comoveu a tantos que quase todos se esqueceram prontamente de que a "via chilena" tinha algumas possibilidades de vitória. Dela nunca duvidaram as classes dominantes chilenas. Bem sabiam que enfrentavam um perigo mortal, uma vez que, se Salvador Allende conseguisse manter-se no poder por dois anos mais, tornaria irreversível a marca para o socialismo no Chile.

Decepcionadas com a mediocridade dos resultados do "frente-unionismo" dos comunistas, desalentadas com as frustrações da ação guerrilheira, traumatizadas com o retrocesso contrarrevolucionário chileno, as esquerdas latino-americanas, derrotadas e perplexas, buscam novos caminhos. Alguns, à falta de uma rota mais viável, voltam ao aliancismo dos comunistas ortodoxos, esperando ter assim a oportunidade de participar e de influenciar — a partir de uma posição socialista — processos políticos dos quais jamais poderiam ter o comando. Outros se desesperam em gestos de puro desvario, como o de pagar-se com palavras, pregando revoluções de utopia, ou se entregam à contrarrevolução ao se oporem, de fato, a todas as formas possíveis de ação política concreta, acusando-as de *reformistas* e espúrias. Uns poucos intelectuais iracundos contra os tempos adversos que lhes coube viver e contra as massas populares impotentes que eles se supunham chamados a ativar. Somente alguns radicais europeus, totalmente desiludidos de ver concretizar-se uma revolução em seus próprios países, e uns poucos "revolucionistas" universitários continuam pregando a luta guerrilheira como a única via para a revolução latino-americana. Os próprios grupelhos de ação direta, entregues a uma escalada de operações violentas, já sabem que sua atuação tem unicamente valor contestatório.

O CENÁRIO E OS PROTAGONISTAS

A mágoa decorrente dessa impotência teórica e prática pode ser desastrosa se as esquerdas não forem capazes de transformá-la em lucidez sobre o processo político latino-americano. Não uma lucidez contemplativa que se contente em fazer do exercício da inteligência um ato de fruição. A lucidez que a esquerda é chamada a exercer, a partir de suas poucas forças e muitas fraquezas, é aquela que coloque todas as suas energias intelectuais a serviço da única tarefa espiritual importante para povos fracassados na história: a busca dos caminhos concretos de sua revolução. Essa busca será, porém, mero exercício de erudição se se exercer, outra vez, como exegese de textos sacralizados ou como novos esforços por ilustrá-los com exemplos nativos. O que se necessita é desvendar criteriosamente as causas dos insucessos históricos, as razões dos fracassos recentes para, à luz desse conhecimento, desenvolver tanto a estratégia de como desencadear a revolução necessária como o projeto de renovação intencional das sociedades latino-americanas. O primeiro requisito teórico para alcançar essa lucidez está no desenvolvimento da capacidade de ver objetivamente e diagnosticar com realismo as conjunturas políticas em que nós, latino- -americanos, atuamos. Não se trata, evidentemente, de descobrir um "mapa da mina" ou de adquirir uma bússola prodigiosa que nos oriente com toda segurança à vitória, quaisquer que sejam as circunstâncias. Trata-se, tão somente, de nos permitir ver melhor o terreno em que pisamos, de avaliar mais objetivamente os riscos que estamos enfrentando e de conhecer melhor os protagonistas com que interagimos. Para as forças conservadoras, é fácil reconhecer-se a si próprias, definir suas possíveis massas de manobra e identificar seus inimigos. Para as forças revolucionárias, tudo isso é muito mais complexo, porque elas partem, necessariamente, de uma visão alienada de si mesmas e do mundo, que só podem corrigir através de uma crítica árdua e porque necessitam exercer um esforço intelectual muito mais profundo e continuado para se encontrarem, se expressarem e se organizarem como forças que existam e atuem para si próprias. Um passo importante nesse sentido será dado no momento em que contarmos com um conjunto coerente de conceitos descritivos que permitam diagnosticar o caráter dos regimes políticos e identificar as forças que os sustentam ou que a eles se opõem.

A maior parte das análises políticas correntes se contenta com uma classificação tipológica bipolar que configura nos cenários políticos um polo conservador ou mesmo reacionário, a direita, e um polo progressista ou até revolucionário, a esquerda. Embora aceitemos essas expressões, não podemos restringir-nos a elas se queremos aprofundar a análise do cenário latino-americano. Para tanto, se impõe a construção de uma tipologia explícita de categorias mutuamente excludentes que nos proporcione um quadro conjunto do nosso cenário político, uma caracterização dos atores que nele atuam e uma visão crítica de suas metas e estilos de ação. É de todo provável que, armados com um instrumento operativo dessa ordem, estejamos em melhores condições de atuar revolucionariamente no cenário político em que nos movemos.

TIPOLOGIA DAS LIDERANÇAS POLÍTICAS LATINO-AMERICANAS

Elitistas	Antielitistas	Vanguardistas
Patriciais	*Populistas*	*Esquerdistas*
Autocráticas	*Reformistas*	*Comunistas*
Patriarcais		Ortodoxos
Tirânicas		Heréticos
Regressivas	*Modernizadoras*	*Insurgentes*

A nosso ver, essa classificação tripartida permite identificar no sistema político latino-americano, do passado e do presente, três modalidades de regimes políticos e de militâncias partidárias. Primeiro, a elitista em suas duas feições, a *patricial*, dos políticos profissionais integrantes dos partidos conservadores de estilo tradicional, e a *autocrática*, que identifica tanto as ditaduras patriarcais como as *tirânicas* e as *regressivas*. Segundo, a categoria antielitista, que compreende os estilos políticos *populista* e *reformista* e as lideranças *nacionalistas-modernizadoras*. Em terceiro lugar, as *vanguardistas*, nominalmente revolucionárias, que, por sua vez, compreendem os estilos de ação política *esquerdista*, *comunista* e *insurgente*. Nos tópicos seguintes procuraremos definir os diversos componentes dessa tipologia.

LIDERANÇAS ELITISTAS

A primeira categoria geral compreende as elites mandantes. Quer dizer, os protagonistas *patriciais* ou *autocráticos* que exerceram tradicionalmente o poder na América Latina depois da independência, como se tivessem para isso uma delegação tácita. Com respeito a ambos, pode-se observar que são normais as sucessões dentro de cada categoria e que mesmo as alternâncias de uma categoria a outra são meros golpes. Não chegam a constituir nenhuma ameaça revolucionária porque, em nenhum caso, põem em risco as bases institucionais da ordem social, especialmente a propriedade fundiária, os contratos de exploração estrangeira e as formas de compulsão da população ao trabalho, defendidas com quase igual vigor por toda a velha elite.

Não obstante esse amplo denominador comum, que justifica tratar os patrícios e os autocratas como membros de uma mesma elite, verificam-se diferenças significativas entre eles, além do fato de as lideranças *patriciais* serem geralmente civis, e as *autocráticas*, geralmente militares.

O *patriciado político* se apresenta, em cada conjuntura, ordenado num conjunto de partidos conservadores formalmente opostos uns aos outros na disputa pelo exercício do poder e pelo usufruto de suas prebendas. Seu estilo é encarnado por líderes vetustos, recrutados entre cidadãos eminentes, raras vezes entre os mais cultos e mais raramente ainda entre os mais ricos. Essas *elites patriciais* se sentem, e são, verdadeiramente, responsáveis pela ordem vigente, cujas bases institucionais seus políticos fixaram na Constituição e nas leis e cuja manutenção suas tropas defenderam sempre que necessário. Quando se fala em reformas sociais profundas, como a libertação dos escravos, a reforma agrária, a limitação da exploração estrangeira ou a liberdade sindical, está se falando em refazer a ordem legal que o *patriciado* instituiu e que os regimes *autocráticos* que os substituíram, nas épocas de crise, ajudaram a conservar.

O sistema *patricial*, instaurado como a cúpula política de uma civilização agrária, arcaica e mercantil, tem no fazendeiro (a figura predominante na sociedade e na economia) seu agente político fundamental. Seus votos, que eram originariamente dos poucos reconhecidos — enquanto só votavam os proprietários —, se multiplicaram, depois, pelo número de seus dependentes. Como estes constituíam a maior parte da nação, o fazendeiro se faz um supereleitor, cujos interesses econômicos e aspirações de mando local se impõem às elites políticas. Apesar de seu caráter elitista, esse sistema político alcançou um alto grau de congruência e continuidade porque correspondia ao desigualitarismo da sociedade e porque se beneficiava de sua estabilidade estrutural. Alcançou até certa legitimidade, porque o fazendeiro, convertido em chefe político regional, ganhava o apreço de seu eleitorado pela proteção que lhe dava contra violências da polícia e pelas festas e agrados que lhe proporcionava por ocasião das eleições.

Regimes *patriciais* lograram reger, por décadas, a vida política da maioria dos países da América Latina nos períodos de prosperidade econômica. Periodicamente se sucediam no poder os partidos "liberais" ou "democráticos", ou que nome tivessem, conduzindo, em cada caso, ao executivo e ao parlamento seu plantel de políticos profissionais, através dos quais obtinham os privilégios que o exercício do governo proporciona, isto é, favores e empregos para uma vastíssima clientela.

Os políticos profissionais, sua corte de funcionários e outros beneficiários constituíam os agentes efetivos do sistema *patricial*, já que só para eles tinha sentido a luta pelo poder. A massa popular entrava no jogo político na qualidade de participante do espetáculo eleitoral, ao qual comparecia como a uma festa. Para essa massa, a disputa do poder não tinha maior importância, senão a de contentar o caudilho ou burocrata que pedia seu voto. Não obstante, aqueles agentes conseguiam, às vezes, despertar tanto entusiasmo por suas lutas políticas como o provocado, hoje, pelos clubes de futebol. É o caso dos partidos Blanco e Colorado do Uruguai, que, ao utilizar os distintivos surgidos nas lutas da independência, impregnavam o ato eleitoral de tamanha carga emocional, fazendo crer que da vitória de uns ou de outros dependeria o destino do país.

Nos períodos de crise econômica — particularmente depois de 1930 —, os regimes *patriciais* cedem o poder a *autocracias*, que resguardam as instituições das agitações populares, então desencadeadas. Em muitos países, as mesmas elites políticas voltaram ao poder, nas últimas décadas, com roupagens renovadas, na forma de restaurações *patriciais*, como os "desenvolvimentistas" de Juscelino Kubitschek, no Brasil, os "adecos" (Ação Democrática), na Venezuela, o condomínio bipartidário da Colômbia ou os democratas cristãos no Chile, no Peru e na Venezuela.

O *patriciado* via a si próprio como uma elite de agentes civilizadores que encarnavam nos precários cenários sociais e políticos latino-americanos o papel das burguesias heroicas, sobretudo a francesa. Efetivamente, instituíram uma ordem civil e compuseram uma sociedade política, mas só o fizeram para o benefício de um estreito círculo de privilegiados que garantiu para si o gozo de direitos em meio à iniquidade e ao despotismo que recaíam sobre as grandes maiorias da população trabalhadora, escrava e ex-escrava. É notório que essa democracia de participação limitada contrasta com a grande façanha dos norte-americanos, que foi a de instituir uma economia nacional autônoma e uma ordem civil democrática capaz de incorporar a maioria da população. Foi comprometendo a todos com essa ordem institucional que se criou um "povo". Sua participação na vida política e o exercício de direitos fundamentais viabilizaram a própria ordenação social classista e, dentro dela, a hegemonia burguesa.

Aqui, o máximo que se alcança é uma democracia restrita à igualdade dos pares. E assim é porque as classes dominantes latino-americanas são, de fato, muito mais parecidas com o *patriciado* escravista romano do que com qualquer burguesia clássica. Embora citando os clássicos de institucionalidade burguesa e até copiando constituições e leis europeias e norte-americanas, essas elites o faziam como atos ostentatórios. Tomavam todo o cuidado de que nenhuma liberalidade pusesse em risco a continuidade da velha dominação oligárquica sobre a população, nem os vínculos de dependência externa. Vale dizer, precisamente aquilo que a ordem burguesa promoveu em outras partes.

Com a superação da civilização agrária e a emergência da civilização urbano-industrial, vão desaparecendo as bases da dominação patricial. O eleitorado, concentrado nas cidades, libera-se do mando político do patrão e começa a alcançar condições para uma conduta cidadã. Seu primeiro impulso, fruto de frustrações seculares, é opor-se às velhas elites patriciais, buscando novas lideranças *autocráticas* que se opusessem expressamente à velha ordem e prometessem assegurar-lhe o direito à dignidade de cidadãos e de trabalhadores livres frente ao governo e aos patrões.

ELITES AUTORITÁRIAS

Os regimes *autocráticos*, apesar da imagem vulgarizada de um poder discricionário propenso ao despotismo e à iniquidade, foram frequentemente mais progressistas que os patriciais. A muitos deles — que designamos patriarcais — se devem, primeiro, a organização do quadro nacional, a fixação das fronteiras e a estruturação da sociedade civil. E depois, algumas reformas substanciais como a abolição da escravatura, a liberdade sindical e até ousadias como o enfrentamento direto com o patronato urbano e com os "testas de ferro" dos interesses estrangeiros, façanhas que não podem ser creditadas a nenhum regime patricial.

Dentre os primeiros regimes *autocráticos* patriarcais são assinaláveis as autocracias unificadoras de Rosas na Argentina, Portales no Chile, Juarez no México, Francia e López no Paraguai. Dentre os últimos se situam os governos *autocráticos* de perfil patriarcal, revestidos com certo grau de responsabilidade social frente às grandes maiorias da população. Eles inauguram o estilo nacional-sindicalista com Vargas no Brasil e Perón na Argentina, que, contando com enorme apoio de massas, promoveram reformas sociais e administrativas e contribuíram poderosamente para incorporar as novas massas urbanas na vida social e política da nação.

A imagem *despótica* dos regimes *autocráticos* se justifica pelo grande número de ditaduras que, em lugar da feição patriarcal, encarnam formas cruamente *tirânicas*. Enquadram-se nesse caso os três padrões de autocracias *tirânicas*. Primeiro, as ditaduras *clientelistas* de Pérez Jiménez na Venezuela, de Rojas Pinilla na Colômbia e de Odría no Peru. Segundo, a variante *despótica*, típica das autocracias latino-americanas, que configura toda uma galeria de ditadores tenebrosos como Somoza, Ubico, Trujillo, Batista, Stroessner, Duvalier, exibindo a degradação extrema das estruturas de poder. A terceira modalidade, as autocracias *regressivas* e *repressivas*, do tipo implantado no Brasil de Castelo Branco, na Argentina de Onganía, na Bolívia de Bánzer e no Chile de Pinochet, etc. Embora frequentemente caracterizadas como fascistas, elas se aproximam mais do estilo salazarista ou franquista, que corresponde à deterioração do poder em sociedades que não contam com classes dominantes capacitadas para o desempenho "burguês".

Não chegam a ser fascistas porque aqueles regimes, apesar de toda a sua iniquidade, revelaram preocupações nacionalistas, de atendimento a reivindicações sociais de pleno emprego e de subsídio ao consumo que as referidas ditaduras jamais permitiram. Contrastam também com o fascismo devido às características fundamentais deste como regime nacionalista de direita voltado para a defesa do capital monopolista e comprometido, por isso, com plutocracias industriais e financeiras. Dizer que os regimes *autocráticos* desse tipo da América Latina são "fascistas-coloniais" só contribui para confundir ainda mais o assunto.

Seu caráter distintivo parece ser o de elites *autocráticas* de extração militar, oriundas da guerra fria, que assumem o poder em situações de profunda crise política em sociedades cujas classes dominantes, sentindo-se ameaçadas, apelam para as forças armadas como única maneira de conservar sua hegemonia. Caracterizam-se também por sua tendência ao retrocesso na política nacionalista dos regimes que os antecederam, à regressão nas conquistas sociais alcançadas pelos trabalhadores e à repressão mais violenta contra toda oposição, sobretudo a de esquerda. É também característica a pouca importância que esses regimes atribuem à legitimação formal do exercício do poder. Em alguns casos, ela se reduz à afirmação da necessidade de fazer frente a uma suposta ameaça *comunista*. Em outros, se contenta em substituir os procedimentos formais de legitimação pela propaganda mais demagógica. Em todos os casos, substituem o estado de direito e a institucionalidade republicana por éditos com força constitucial; as antigas eleições universais por votações indiretas ou fictícias entre candidatos selecionados por seu reacionarismo; os velhos partidos por novas organizações de consagração de todos os atos governamentais.

Esses regimes regressivos, surgidos como reação a supostas ameaças revolucionárias, são tanto mais *repressivos* quanto maior tenha sido o pavor que as referidas ameaças provocaram nas classes dominantes. No Chile, contrapondo-se a um governo em marcha para o socialismo e que enfrentou com firmeza as ameaças de golpe militar, o regime contrarrevolucionário alcançou extremos de retrocesso social e de violência repressiva.

Uma vez implantados, os regimes *regressivos* e *repressivos* se ocupam de imediato em destruir as organizações políticas e sindicais preexistentes; da abertura da economia à exploração das empresas multinacionais e em assegurar a livre movimentação dos capitais estrangeiros. Cuidam também de "sanear" os quadros da burocracia governamental, do parlamento e do judiciário, a fim de colocar todo o poderio do Estado a serviço exclusivo das classes privilegiadas. As três ordens de ação têm como somatório um regime antinacional e antipopular de extremado autoritarismo, mas desprovido de um projeto próprio de desenvolvimento nacional.

AS ANTIELITES

A segunda categoria geral de nossa tipologia — a antielitista — é formada por militâncias políticas relativamente recentes que se opõem às elites tradicionais, buscando substituí-las no exercício do poder como lideranças pretensamente mais atentas às aspirações das grandes maiorias populares. Compreendem tanto regimes de feição democrática — porque legitimados por eleições e relativamente consentidos — como regimes de caráter autoritário, embora aqui esses termos se tornem ainda mais ambíguos do que o caso das elites. Com efeito, as antielites oriundas de eleições não representam nenhuma garantia de uma ação de governo identificada com os interesses nacionais e populares. Por outro lado, as antielites que surgem de golpes ou revoluções são, com frequência, mais autônomas frente às velhas classes dominantes e mais capazes de enfrentá-las para defender uma política nacionalista e nacional-reformista.

Nosso paradigma de ação política antielitista compreende, fundamentalmente, dois estilos de poder democrático-representativo, o *populista* e o *reformista*, e um estilo de poder autoritário, o *nacionalista-modernizador*. Sua emergência corresponde a uma instância da modernização em que a sociedade é ativada por processos intensivos de urbanização e industrialização, ou agitada por profundas mobilizações camponesas.

As antielites *populistas* são concebidas em nossa tipologia como aquelas lideranças oriundas de processos eleitorais que atuam em movimentos partidários de mobilização popular de caráter intrinsecamente demagógico e que se organizam como governos personalistas e conservadores. Seu tema político fundamental é a denúncia dos regimes patriciais, a consagração do líder *populista* e a formulação de reivindicações classe-medistas. Manipulam esses temas, porém, tão somente para empolgar o poder que exercem com um estilo demagógico, mas sem pôr jamais em risco a ordem tradicional. Tal como ocorre com as velhas elites patriciais, as antielites de políticos profissionais são invariavelmente fiéis aos interesses do patronato, sobretudo do rural, e das empresas estrangeiras. Exemplificam esse modelo as lideranças de Ademar de Barros e Jânio Quadros no Brasil, de Irigoyen e Frondizi na Argentina, de Alessandri Palma, Ibáñez e González Videla no Chile e de Velasco Ibarra no Equador. É óbvio que existem grandes diferenças entre as lideranças citadas. Estamos mais atentos, contudo, para suas semelhanças que recomendam tratá- las como uma categoria tipológica própria, relativamente heterogênea, mas claramente oposta aos demais padrões de atuação política antielitista ou vanguardista.

As antielites *reformista*s são, ao contrário, lideranças políticas relativamente autônomas com respeito ao empresariado nacional ou estrangeiro, rural ou urbano. Estão, ao mesmo tempo, profundamente comprometidas com as classes populares, particularmente com os proletariados industriais e com as massas recém-urbanizadas, carentes de organização no plano sindical e de identidade própria no campo político. Como tal, são lideranças intrinsecamente não demagógicas e ativamente reivindicativas.

Essas características não decorrem de nenhuma virtude moral, mas da circunstância em que atuam, como porta-vozes políticos de trabalhadores assalariados que têm reivindicações de liberdade sindical, de aumento de salários, de reconhecimento social e muitas outras que são iniludíveis. O líder *reformista* pode adiar a consideração de qualquer delas, mas, cedo ou tarde, terá de fazê-lo sob pena de perder a liderança para outro mais capaz de expressar as aspirações dessas massas. Seus quadros são recrutados, por um lado, nos meios sindicais e nos grupos políticos e intelectuais com eles identificados, e, pelo outro, nos grupos vinculados aos regimes *autocráticos* de estilo nacional-sindicalista. São exemplos típicos de lideranças *reformistas* o *janguismo* no Brasil e o *peronismo* na Argentina. Enquadram-se também nessa categoria as figuras de Jacobo Arbenz da Guatemala, de Juan Bosch da República Dominicana, de Haya de la Torre do Peru e de Rómulo Betancourt da Venezuela. Esses dois últimos apenas no seu primeiro período de ação política, porque, mais tarde, ambos se enfileiraram na categoria de restaurações patriciais tardias, abertamente reacionárias.

Populistas e *reformistas* — embora tenham de comum tudo que justifica tratar a ambos como variantes das lideranças antielitistas — contrastam claramente uns com os outros por sua atitude frente ao povo e por seus propósitos frente à ordem social vigente. O populista fala ao eleitorado discursando sobre o que este supostamente deseja ouvir, no estilo do seu agrado, com o objetivo de obter seu voto para representá-lo nos órgãos de poder como um intermediário político melhor do que as antigas elites patriciais, mas igualmente fiel à ordem vigente e às velhas instituições. O líder *reformista*, enraizado nas massas assalariadas, busca organizá-las em sindicatos, ligas e associações para suas reivindicações diretas frente ao patronato, ao mesmo tempo que as põe em movimento no cenário político em defesa de suas aspirações de reforma da ordem social e de controle da máquina estatal de formulação das políticas governamentais.

Algumas lideranças desses dois padrões conseguiram alcançar enorme prestígio junto às massas populares e impor-se sucessivamente a velhas elites civis e militares que vetam seu acesso ao poder. Porém, via de regra, têm um desempenho fugaz. Os *populistas*, porque veem desmascarada sua demagogia pelo próprio exercício do poder. Os *reformistas*, porque conseguem mais facilmente assustar as classes dominantes com suas ameaças de promover reformas radicais do que organizar as bases de massas e estruturar os dispositivos de segurança que permitam levá-las a cabo. Uma debilidade essencial dos *reformistas* reside em seu próprio caráter intrinsecamente conciliativo, que os faz recuar sempre que a direita ameaça com a guerra civil; ou que o processo político que eles lideram se radicaliza, ameaçando transcender e passar do *reformismo* à revolução. Mas reside também, principalmente talvez, em sua incapacidade de organizar politicamente o povo para a autodefesa contra o golpismo. Essas deficiências, sendo ambas superáveis — uma pela radicalização das antielites *reformistas*, a outra pela mobilização popular organizativa —, abrem espaço para que novos partidos *reformistas*, assentados na classe trabalhadora, imponham um regime democrático de participação plena às elites tradicionais.

A terceira categoria de antielites — as *nacionalistas-modernizadoras* —, embora contrastando com as outras duas por seu caráter de regimes autoritários —, tem em comum certos atributos que justificam compor com todas elas uma mesma categoria tipológica, oposta tanto às elites tradicionais como às vanguardas revolucionárias. Chamamos antielites *nacionalistas-modernizadoras* aos regimes autoritários — como o peruano, ou de caráter institucional, como o mexicano — oriundos de movimentos revolucionários e dotados de capacidade efetiva para um enfrentamento radical com as classes dominantes tradicionais, através de programas de reforma agrária e de contenção da exploração estrangeira. Nesse sentido, elas são mais "revolucionárias" do que "modernizadoras", nas acepções usuais desses termos, embora não propendam para a instauração de regimes socialistas e até constituam um obstáculo para que isso ocorra. Entretanto, o fato de ter sido assim até agora não impede que, no futuro, algum regime *nacionalista-modernizador* se oriente nessa direção. Nesse caso, eles poderiam constituir uma via de acesso a um modelo novo de regime de caráter solidário que representaria, ao lado dos socialistas-revolucionários de orientação marxista, um caminho alternativo para a reconstrução intencional da sociedade em bases que permitissem promover um progresso generalizável a toda a população.

Nosso paradigma para essa categoria é o que tiveram de comum, enquanto regimes políticos, a Turquia de Mustafá Kemal, o Egito de Nasser, a Argélia de Boumedienne, o México de Cárdenas, a Bolívia do MNR e o Peru de Juan Velasco Alvarado. Trata-se em todos os casos citados — e é isso o que eles têm de peculiar — de nacionalidades oriundas de altas civilizações com as quais a Europa se chocou em sua expansão, as quais ainda hoje conduzem dentro de si duas tradições culturais em conflito. Trata-se também de povos do Terceiro Mundo que fracassaram em seus esforços por integrar-se como economias autônomas e prósperas na civilização industrial moderna, vendo-se condenados a uma condição colonial ou neocolonial de dependência. Mais significativo talvez é o fato de se tratar de estruturas sociais que não conheceram classes dominantes nem classes oprimidas equiparáveis às europeias estudadas pelo marxismo clássico, e para as quais ele vaticinou duas ordens de desempenho político: a revolução burguesa e a proletária.

Os regimes *nacionalistas-modernizadores* se comportam frente às massas marginalizadas da população como movimentos políticos de integração das mesmas no quadro econômico, social e cultural, através da realização de profundas reformas sociais. As limitações que na maior parte dos casos esses regimes impõem à participação político-eleitorial se compensam, assim, pelo reconhecimento de direitos efetivos que sempre foram negados pelos regimes patriciais, como a liberdade de organização sindical e de greve e a reforma agrária. A atitude desses mesmos regimes para com os setores privilegiados da população está marcada por sua preocupação de proteger, mediante subsídios, os débeis empresariados nacionais. Nesse sentido, os regimes nacionalistas- -modernizadores parecem empenhados na tarefa impossível de criar, artificialmente, a burguesia nacional que a história não gerou em suas sociedades. Não conseguem, obviamente, alcançar esse propósito, mas em muitos casos criam empresariados nativos comprometidos com interesses estrangeiros que acabam por se constituir em setores hegemônicos. Colocam, então, os regimes *nacionalistas-modernizadores* a seu serviço — como ocorreu no México — ou chegam mesmo a proscrevê-los, como sucedeu na Bolívia.

Alguns contrastes podem ser observados entre os dois primeiros padrões antielitistas a que nos referimos e os movimentos *nacionalistas-modernizadores*. Existe, aparentemente, uma diferença de grau entre o populismo (demagógico, mas conservador) e o *reformismo* (renovador, mas autocontido); e de natureza entre ambos e o *nacionalismo-modernizador* (efetivamente capaz de empreender reformas sociais profundas, embora tendente a esclerosar-se). Essas diferenças, entretanto, não parecem ser tão significativas que justifiquem situar o padrão *nacionalista-modernizador* entre as *vanguardas revolucionárias*, ou incluir os *populistas* e os *reformistas* na categoria de lideranças elitistas. Todos os três constituem modos intermediários de ação política, situados entre o elitismo e o vanguardismo. Todos os três, também, embora em graus diversos, podem vir a transcender o desempenho que tiveram. Sobretudo o *reformismo*, que, em certas situações, foi suficientemente radical para provocar contrarrevoluções preventivas que acabaram por desmontá-lo do poder devido à sua incapacidade de defender-se. E, particularmente, o *nacionalismo-modernizador*, que, em um caso concreto — o peruano —, avançou tanto no desmonte de uma velha ordem privatista e na criação de novas bases mais solidárias para a vida social que aparentemente só tem futuro como uma estrutura econômica que, não sendo capitalista, será necessariamente socialista; e uma institucionalidade que, não sendo liberal-burguesa, será alguma invenção solidarista.

O estudo dos regimes *nacionalistas-modernizadores* e das formas de ação política que eles ensejam tem a maior importância por tudo que foi dito e, também, porque sua concretização está no quadro de possibilidades de ação dos militares latino-americanos. Porque ele abre às forças armadas a perspectiva de um novo papel político de agentes transformadores de suas sociedades. Um papel, aliás, muito mais gratificante que sua função tradicional de prepostos da velha ordem oligárquica. E finalmente porque, sendo a emergência desses regimes o maior temor dos norte-americanos, ela pode vir a ser, pelo menos, a esperança dos que não veem outras formas de ruptura com a dominação e o atraso em que estão mergulhados tantos países latino-americanos.

VANGUARDISMO REVOLUCIONÁRIO

A última categoria geral da tipologia que propomos a discussão é a das *vanguardas revolucionárias.* Elas são muito mais difíceis de conceituar porque constituem antes propensões do que modelos de regimes ou estilos de vivência política. Não fosse assim, teríamos de circunscrever essa categoria ao modelo socialista- -revolucionário cubano e ao *socialista-evolutivo* que se tentou, sem êxito, implantar no Chile. Deixaríamos, porém, fora de nossa classificação alguns dos protagonistas das lutas pela transformação *revolucionária* da América Latina. Para não excluí-los é que admitimos colocar, ao lado de categorias referentes a estruturas de poder, isto é, a regimes políticos concretos e aos estilos de militância que lhes correspondem, uma categoria mais ambígua, formada pelas *forças insurgentes*. Essas últimas, na realidade, incluem mais autores do que atores, mais vocações militantes do que desempenhos históricos, mais insurgências potenciais do que revoluções cumpridas. Esses reconhecidos defeitos de sistemática na construção de nossa tipologia são menos importantes, contudo, do que o valor instrumental que ela pode vir a ter se alcançar algum êxito na identificação de todas e cada uma das modalidades de militância conservadora e renovadora que se defrontam no cenário político latino-americano.

A nosso ver, as vanguardas podem ser classificadas em três subcategorias significativas e mutuamente excludentes. Temos, em primeiro lugar, as vanguardas esquerdistas, que compreendem tanto a intelectualidade de esquerda como as *militâncias revolucionárias* socialistas e as esquerdas cristãs não identificadas com o marxismo como teoria orientadora de sua política. Elas são quase que exclusivamente provenientes da classe média, atuam em partidos e movimentos de massa, mas fervilham, principalmente, nas universidades, no jornalismo e nas artes, que constituem seus principais campos de agitação. Assumem facilmente atitudes verbais ultrarradicais que as isolam tanto dos movimentos *reformistas* e das lideranças *nacionalistas-modernizadoras* como das outras vanguardas com que estão sempre em competição.

Os *comunistas* constituem a segunda subcategoria das vanguardas virtualmente *revolucionárias*. Seu perfil é marcado pela pretensão de constituir o partido da classe operária e a encarnação de sua consciência política. E também pela orientação frente-unionista, que os faz propensos a alianças com partidos de centro; pela identificação formal com o marxismo como teoria da revolução e, finalmente, por um alto grau de politização doutrinária, de organização, de hierarquização e de disciplina partidária. Seus dirigentes se originam também, principalmente, das classes médias intelectualizadas, embora alguns líderes sindicais, formados na prática política, também alcancem posições de liderança e mando.

Embora homogêneos como categoria, os *comunistas* se dividem em agrupamentos mais hostis entre si do que diferenciados uns dos outros. Tais são: os *comunistas ortodoxos*, os mais conservadores e os mais identificados com as posições soviéticas; os *comunistas heterodoxos*, de orientação pró-chinesa, e os *comunistas heréticos*, que são os remanescentes dos velhos movimentos trotskistas e anarquistas, bem como os antigos integrantes do voluntarismo que refluíram para posições comunistas. Enquadram-se ainda nesse escaninho os partidos socialistas de orientação marxista, como o Partido Socialista chileno e o MAS da Venezuela.

O último contingente é formado pelas vanguardas virtualmente *insurgentes*. Assim designamos os pequenos grupos de ação direta, tanto os núcleos clandestinos de combatentes da luta armada como sua orla de simpatizantes. Os primeiros atuavam, até há poucos anos, principalmente na guerrilha rural. Hoje, muito debilitados, se concentram em grupos urbanos de contestação armada. Eles encarnam tentativas dramáticas de reproduzir, em outros contextos, a revolução cubana, concebida como a revolução socialista. Em alguns casos alcançaram extraordinária repercussão, como na epopeia de Che Guevara, que quis fazer dos Andes uma gigantesca Sierra Maestra que libertaria toda a América Latina. O Che fracassou, é certo; mas a ousadia e generosidade de seu intento dignificaram as esquerdas e deram à juventude de todo o mundo um novo modelo-imagem do herói revolucionário.

Em outros casos menos espetaculares, alcançaram êxitos pouco duradouros, como nas ações ousadas dos Tupamaros, no Uruguai; ou nas tarefas de vigilância da política e de combate ao terrorismo de ultradireita do MIR chileno; e nas primeiras ações do Montoneros, de apoio armado ao peronismo argentino. Entretanto, a acumulação de malogros foi deixando evidente para a maioria dos grupos *insurgentes* a limitação dessa forma de luta. Eles começaram, então, a perceber que de suas ações isoladas, por mais heroicas que fossem, não resultaria jamais uma revolução. Chegou-se, finalmente, a uma situação em que somente os quadros mais radicais daqueles grupos foquistas e os militares especializados no seu combate acreditam ainda que a guerrilha constitua uma porta à revolução social.

A orla de simpatizantes do voluntarismo revolucionário é, hoje, mais importante que os próprios grupos *insurgentes*, pela ação proselitista que desenvolve principalmente nas universidades e entre a juventude de classe média. Sua atuação, entretanto, mais vezes favorece a contrarrevolução do que a revolução, devido às suas preocupações obsessivas de combater os movimentos *comunistas* como se eles fossem o inimigo principal da revolução; e de desmoralizar como *reformista* qualquer ação política da esquerda que não seja palavrosamente radical. Em muitos casos, caem em verdadeira alienação ao exigir de cada movimento revolucionário uma postura ideológica que corresponda estritamente ao que eles, em sua inocência e dogmatismo, supõem seja o pensamento dos clássicos marxistas; e ao pedir que todo programa corresponda estritamente a um socialismo cerebrino, de utopia, e que se oponha a qualquer dos socialismos concretos que se estruturaram no mundo real. Em atenção a essas características foi que definimos, uma vez, essas facções *insurgentes* como uma esquerda desvairada que, esterilizado o pensamento marxista, se tornou incapaz de ver e compreender dialeticamente as conjunturas políticas concretas em que atua, e que só serve à contrarrevolução.

PERSPECTIVAS FUTURAS

Bem sabemos que a tipologia que acabamos de expor tem o defeito da ambiguidade, dificilmente evitável em qualquer tentativa de fixar numa classificação formas tão instáveis e vagas como o são as entidades políticas. Mas ela tem, provavelmente, o valor de proporcionar uma visão de conjunto dos principais protagonistas da arena política latino-americana; e talvez, também, o de permitir fixar as singularidades de cada um deles pelo contraste de seus traços característicos com a fisionomia dos demais.

Vista sob o ângulo dessa tipologia, a vida política latino-americana comparece na dinâmica da transição de regimes elitistas, impotentes para produzir uma "revolução burguesa", a regimes intermédios que também se frustraram historicamente na maioria de suas tentativas de melhorar a velha ordem institucional ou de promover reformas consentidas; e, finalmente, a crise presente de busca de novos caminhos para a revolução latino-americana.

O que fazem habitualmente os politicólogos é focalizar nossos modos de vivência política como uma série de formas precárias, "subdesenvolvidas", de concretização das instituições políticas europeias nessa província do Terceiro Mundo. O que nos propusemos foi, ao contrário, configurá-los através da observação direta da realidade. O efeito principal desse enfoque, despido de prenoções, é ver os protagonistas políticos tais como são em suas funções de guardiães das instituições básicas da ordenação política e de defensores do *status quo*; ou, ao contrário, de agentes de sua transformação.

Visto sob essas luzes, o *patriciado* político tradicional — tratado quase sempre pelos estudiosos como o paradigma da normalidade e até da dignidade no exercício das funções de mando — comparece em seu verdadeiro caráter de agente ultraconservador das classes patronais, merecedor de toda a confiança delas por sua fidelidade, nunca negada, na defesa dos interesses antipopulares. Em lugar do papel que esse *patriciado* se atribui de autoridade que, revestida de legitimidade e consagrada pela tradição, pode enfrentar qualquer interesse privatista na defesa do que é público e majoritário, sua verdadeira função é legalizar a ordenação oligárquica e executar o projeto nacional que corresponde aos interesses das minorias privilegiadas. O contendor habitual dessa elite *patricial* é a elite *autocrática* que se alterna com ela no poder, ocupando-o nos períodos de crise que ameaçam o sistema. Uma e outra, por suas funções política e guardiã, embora conflitantes por vezes, contribuem para dar estabilidade e continuidade à velha ordenação social.

Essa cúpula intrinsecamente solidária da estrutura de poder se assenta no caráter das próprias classes dominantes bipartidas, como as europeias, em dois componentes antagônicos — um aristocrático e o outro burguês —, cujo enfrentamento conduziu à revolução "democrático-burguesa", e o que encontramos são classes dominantes monoliticamente estruturadas. Embora também divididas em um componente patronal de empresários (que tira seu poder da exploração econômica direta) e outro patricial-burocrático (que obtém poder e prestígio pelo desempenho de cargos), ambos são solidários na defesa do velho regime que os serve e enriquece. Os mandatário políticos dessa estrutura são, em consequência, elites civis (patriciais) ou militares (*autocráticas*) que não têm nenhuma propensão a rupturas de estilo burguês porque são tão beneficiárias do velho sistema como o patronato.

Nessas condições, não se pode deixar de reconhecer que o principal fator causal de nosso atraso reside não em deficiências da terra ou do povo, como fizeram crer, por décadas, tantos teóricos, mas no caráter retrógrado das classes dominantes. Elas organizaram a nação e o Estado para servirem a seus próprios projetos e prosperidade, sem preocupar-se com o preço que essa prosperidade cobraria à grande maioria da população. Essas maiorias, ontem, eram massas escravas — indígenas ou negras — utilizadas como mera força energética. Hoje, constituem a massa de assalariados engajada no trabalho das fábricas, das minas, das fazendas, frequentemente sob condições de trabalho escorchantes. Pior ainda é a situação das camadas marginalizadas da população, cuja aspiração suprema é conseguir emprego fixo, ainda que em condições de superexploração, e que nem isso alcançam.

Frente à mão de obra escrava, as velhas elites patriciais se comportavam como sustentáculo da instituição escravocrata, só abolida quando se tornou impossível salvá-la. Face aos primeiros surtos reivindicativos dos trabalhadores fabris, organizados por líderes anarcossindicalistas, o *patriciado* apelou para a repressão tratando as questões sociais como "casos de polícia". Frente às massas marginais, o *patriciado* se atemoriza, transferindo o poder a regimes *regressivos* e *repressivos*, na esperança de que usem a violência para conter essas massas que, em seu desespero, tenderiam a subverter a ordem social.

À luz da perspectiva tradicional de análise das estruturas de poder da América Latina, os regimes *autocráticos* são vistos, invariavelmente, como sistemas intrinsecamente despóticos, decorrentes da deterioração da institucionalidade patricial. A nosso modo de ver, alguns regimes *autocráticos* foram historicamente mais independentes com respeito à defesa dos interesses das classes dominantes do que as elites patriciais. De fato, foram governos *autocráticos* os que, em muitos países da América Latina, promulgaram a independência, fizeram a unificação do país, promoveram a libertação dos escravos, propiciaram a liberdade sindical, além de desempenharem outros papéis libertários.

Nesta revisão da experiência política latino-americana, cumpre assinalar, ainda, que as espantosas estabilidade e continuidade da velha classe dominante no exercício do poder — que é o seu grande êxito dentro da história — constituem, ao mesmo tempo, o signo de sua impotência evolutiva intrínseca para a revolução burguesa. A contraparte dessa impotência evolutiva das classes dominantes é a debilidade das classes oprimidas para atuar como força revolucionária. Essa incapacidade correlativa de classes antagonicamente opostas para desencadear, seja a revolução "burguesa", seja a "proletária", as impossibilita também para instituir estruturas democráticas de poder que sejam estáveis e capazes de conduzir racionalmente a sociedade com um mínimo de acatamento aos interesses das grandes maiorias. É essa impotência que tem condenado nossos países ao descompasso histórico e ao atraso evolutivo.

Nessas condições, ante a inviabilidade de uma revolução burguesa, porque tardia (dado o temor das classes dominantes à Nessas condições, ante a inviabilidade de uma revolução burguesa, porque tardia (dado o temor das classes dominantes à ameaça de uma progressão socialista), e frente à impossibilidade de uma revolução socialista, porque precoce (em razão da imaturidade de suas massas e vanguardas para o desempenho desse papel), a América Latina vê-se historicamente paralisada. Vive, em consequência, uma existência política perturbada, de crise crônica, entre golpes direitistas e intentonas frustradas de insurreição.

Um dos requisitos necessários à ruptura desse impasse é alcançar clareza sobre o caráter e a forma da revolução latino-americana. Clareza, sobretudo, quanto às vias alternativas de progressão dos regimes vigentes a regimes solidários, cuja consecução esteja no horizonte de possibilidades dos protagonistas políticos concretos com que contamos. Outro requisito é o de que as forças *virtualmente revolucionárias* deixem de contentar-se com o simples desejo de forçar a realidade a enquadrar-se em seus esquemas cerebrinos de revoluções de utopia e fazê-las compreender que revolucionário é quem exaure, aqui e agora, as potencialidades de ação concretamente transformadora do contexto histórico nacional em que opera.

Acreditamos que a tipologia proposta se presta, também, a focalizar dialeticamente, como posições dinâmicas, as diversas categorias classificatórias, a fim de detectar suas predisposições a encarnar certas tendências típicas. A mais óbvia delas — ainda que de menor importância porque não conduz a nenhuma transformação social — é a sucessão no poder das elites patriciais e *autocráticas* em épocas de crise e de bonança. Outra é a substituição dos regimes patriciais por regimes *populistas* que, levando a extremos a demagogia política e o clientelismo, são derrubados do poder. Uma terceira propensão é a de que as autocracias nacional- -sindicalistas, no momento de sua queda, inspiraram movimentos *reformistas* de base popular, decididos a promover transformações estruturais, mas carentes de força para enfrentar a reação. Nesses casos, o que produz é o veto militar, o golpe e o surgimento de regimes *regressivos-repressivos* que se autojustificam como contrarrevoluções de caráter preventivo destinadas a evitar que os governos *reformistas* descambem para o comunismo.

Outra sequência típica é a substituição de restaurações patriciais elitistas ou de ditaduras *tirânicas* por regimes *nacionalistas-modernizadores*, instaurados no curso de movimentos revolucionários ou de golpes militares. Especula-se também com a possibilidade de uma progressão das ditaduras *regressivas* — pela tomada do governo por militares "nasseristas" — para formas *nacionalistas-modernizadoras* de poder. Essa progressão ainda não ocorreu em nenhum país. Mas o temor generalizado da direita de que ela venha a ocorrer talvez esteja indicando uma sequência possível.

O salto dos regimes elitistas ou antielitistas a revoluções socialistas é uma possibilidade das mais remotas. Embora seja improvável, não é impossível que isso ocorra por alguma das múltiplas vias que tornam possível uma revolução social. Para isso, influirá decisivamente a nova conjuntura internacional que se está gestando em nossos dias. Como traços dominantes, prevalecem nela, por um lado, a deterioração da política externa norte-americana e o seu fracasso para exercer a hegemonia mundial. E, por outro lado, a crescente importância da América Latina para um império em decadência, cujo último reduto será este continente.

Essas últimas apreciações, que dizem respeito a um quadro mais amplo que o latino-americano, mostram o grau de internacionalização das lutas políticas que aqui se travam. Nesse sentido, nosso estudo dos protagonistas políticos do cenário latino-americano seria incompleto se nos limitássemos aos atores nativos. Nele também atuam, de modo cada vez mais acintoso e, lamentavelmente, de forma quase sempre eficaz, diversos tipos de agentes estrangeiros que precisam ser levados em conta se queremos ter uma visão objetiva das forças que enfrentamos.

Eles se apresentam sob três modalidades principais. Primeiro, os quadros dos serviços militares norte-americanos de assessoria às forças armadas latino-americanas, que as ajudam a definir a teoria e a prática da segurança nacional, ao mesmo tempo em que lhes oferecem treinamento e as integram, em nível continental, na luta contra a insurgência. Em segundo lugar, os próprios rangers e marines, que, em situações consideradas de perigo extremo, desembarcam em nossas praias. A terceira modalidade é representada pelos agentes da CIA e a vasta rede de espiões, provocadores, terroristas e sabotadores, amparados por políticos profissionais e por militares que montam e executam complexas operações contrarrevolucionárias. Algumas delas foram abertamente escandalosas, como a derrubada do governo Arbenz da Guatemala, o desembarque em

Cuba, a caçada a Che Guevara na Bolívia e a "desestabilização" do governo Allende. Denunciadas no Parlamento e na imprensa norte-americana, tais ações não puderam ser negadas. Outras, mais discretas, não foram tão enfaticamente denunciadas, como o golpe brasileiro de 1964.

Essas reiteradas intervenções na política latino-americana revelam, por um lado, que os norte-americanos têm uma ideia muito clara do tipo e do estilo de governo que eles consideram compatíveis com a perpetuação de sua hegemonia sobre o continente. E que essa visão é coparticipada pelas classes dominantes nativas, que encaram a tutela imperialista como a maior garantia da defesa de seus interesses. Demonstram, por outro lado, que as lutas políticas latino-americanas, embora se travem dentro dos quadros nacionais, já se internacionalizaram, colocando em mãos da reação imensas potencialidades de informação, de análise e de ação, que desafiam as esquerdas a superar sua alienação e seu provincianismo a fim de alcançar um mínimo de eficácia. Significam também que é improvável que na presente década uma liderança vanguardista possa desencadear, com suas próprias forças, uma convulsão social generalizada que conduza a uma revolução socialista capaz de consolidar-se. Os requisitos mínimos para que uma ação desse tipo seja vitoriosa excedem visivelmente as possibilidades atuais das vanguardas latino-americanas. Embora não se deva esquecer que as grandes revoluções sociais da história jamais se anunciaram previamente, sobrevindo quando menos se esperava.

De fato, na presente conjuntura dessa década de 1980, vai ficando evidente que todos estamos condenados à democracia. A direita, porque os próprios norte-americanos revelam um temor crescente em confiar a guarda de sua hegemonia continental a ditaduras militares odiadas pelas populações latino-americanas. As esquerdas porque, dissuadidas das ilusões de uma nova revolução socialista de exceção, estão compelidas a ingressar no processo político eleitoral e na luta sindical como as arenas dentro das quais terão de viver o seu papel histórico.

CIVILIZAÇÃO: CIVILIZAÇÕES

Nestas últimas décadas do passo do segundo para o terceiro milênio, destacam-se dois movimento civilizatórios de importância decisiva: o estreitamento da Europa e o alçamento do mundo extra-europeu. O trânsito se dá no meio das transformações culturais mais profundas que jamais se viu.

O motor destas transformações é a revolução tecnológica desencadeada no após-guerra por um complexo de inovações prodigiosas no campo da produção e da destruição, bem como uma renovação sem precedentes nos sistemas de administração e de informação. Seus efeitos étnico-culturais, que analisaremos a seguir, apenas começam a ser visíveis. Ainda assim, é evidente que ela está desencadeando processos civilizatórios que transformarão mais o nosso mundo do que o fez a Revolução Industrial.

Uma civilização — a ocidental europeia — declina, depois de concluir seu ciclo, outra amanhece. Melhor diria outras, dado o caráter policêntrico dos vastos mundos em que tantos povos se lavam das feridas do europeísmo para serem, afinal, eles mesmos. Suas velhas identidades negadas desde sempre de repente são reencontradas. Mas, então, cada um deles percebe que não é, todavia, um ente. É apenas uma possibilidade: a utopia de si mesmo que tem, ainda, de ser construída.

O estreitamento do mundo europeu é tão visível que não precisa ser comprovado. Quem não percebe que se esboroa a vetustez da civilização ocidental europeia? Depois de dominar, hegemônica, todo o mundo, ao longo de cinco séculos, a Europa se reduz ao que é, efetivamente: a recortada península asiática que se debruça sobre a África.

Ser europeu, disse Sartre uma vez, era de fato a única forma natural, normal e desejável de ser gente. Aos outros faltava alguma coisa essencial que os fazia irremediavelmente carentes. E não bastava ser europeu, era preciso ser francês ou inglês. O germânico era um centro-europeu tedesco, tosco; o nórdico, um urso humano; os mediterrâneos, uns negros exóticos; os europeus orientais, bugres bárbaros.

De repente, todos percebemos que passou a hora europeia ou que ela só pode se reativar degradada. Descobrimos, perplexos, que o vapor não é ocidental; que a gasolina não é cristã; que a eletricidade não é europeia. Fora da Europa mundos mais vastos, armado destas e de outras fontes energéticas, se reconstroem para si mesmos, segundo projetos próprios, conservando e até reforçando sua singularidade. O Japão tecnologicamente ocidentalizado nunca foi tão japonês; nem o Vietnã tão vietnamita. A China muito mais.

Na Europa sucede o contrário. A Alemanha, por exemplo, é hoje o espaço onde os dois grandes exércitos extra-europeus pararam, frente a frente, depois de destruir a última força propriamente eurocêntrica: a que se propunha implantar o milênio ariano. E quase implantou. Dividida em duas, cada banda da Alemanha começou a urdir seu próprio patriotismo para odiar a outra. Sabem que seu destino é desaparecer na véspera da guerra do fim do mundo, mas se afincam às novas lealdades. O resultado é que, pasmadas, as mulheres não parem mais e tantos jovens caem no terrorismo.

Esta nova Europa sem causa nem programa senão enricar e engordar vive, de fato, à sombra e às custas de seu principal rebento ocidental. Ele é que dita a linha. E é quem paga a conta da defesa frente aos comunistas. Ele é quem assume, bisonho, mundo afora o comando dos restos de hegemonia imperial que sobraram aqui e ali. Seus aliados naturais — Israel, África do Sul, Austrália — não são companhia de que ninguém se orgulhe. Cada um deles tem como projeto próprio de grandeza implantar impérios euro-arianos de caráter tão obsoleto que se tornam cada vez mais inviáveis.

A Europa cêntrica não vai desaparecer, obviamente, nem se converter em museu de troféus. Vai é coexistir com outros centros de poder e criatividade que, conjuntamente, irão elaborando as múltiplas pautas que orientarão a conduta humana. Já é assim, aliás. É muito mais no universo eslavo, no chinês e no neobritânico que se tomam as decisões cruciais para o destino humano. Amanhã, a eles se juntará o latino-americano como um bloco continental de imensas massas mestiças, mais uniformes culturalmente que qualquer outro conjunto de povos.

A rigor, a importância europeia advém mais do renovo nórdico de sua expansão americana do que do núcleo original. No futuro isso se acentuará cada vez mais, principalmente quando nosso bloco neolatino tiver voz capaz de se fazer ouvir. Então, uma configuração "ocidental" transatlântica interagirá com a eslava a chinesa, a islâmica e a indiana no diálogo da civilização. Cada uma delas guardando sua própria face, mais deixando florescer dentro de si e ao seu redor múltiplas expressões étnicas singulares.

INDIANIDADES

Os grupos indígenas da América Latina podem ser classificados em duas categorias principais. De um lado, as microetnias tribais, referentes aos milhares de povos cuja população vai de umas dezenas a uns poucos milhares. Cada um deles, ilhado no mar dos neo-americanos, luta para sobreviver conservando sua língua e os costumes que sejam viáveis dentro do contexto do mundo estranho e hostil que passaram a integrar.

Permanecem índios do mesmo modo que os judeus e os ciganos se agarram à sua identidade. Esta se funda menos n'alguma singularidade cultural do que na continuidade da tradição comunitária que vem das gerações que se sucederam desde a invasão europeia até nossos dias.

Nesses séculos, se transformaram profundamente. Inclusive porque só mudando podiam sobreviver, debaixo de condições também mutantes e cada vez mais adversas. Mudando, porém, dentro de uma pauta própria, preservaram seu próprio ser.

Havendo conseguido sobreviver até agora debaixo de condições tão difíceis, os índios seguramente prosseguirão existindo daqui para diante. Isso significa que no futuro teremos mais e não menos índios do que hoje, ainda que todos sejam cada vez menos índios no plano da tipicidade cultural. Não obstante, serão índios.

O outro bloco, referente às macroetnias, corresponde aos povos americanos que, tendo atingido ou se aproximado do nível de altas civilizações, antes da conquista alcançaram, por isso mesmo, grandes contingente demográficos e puderam sobreviver até hoje, como grandes blocos humanos. Tais são, entre outros, os quíchuas e aiamarás do Altiplano Andino, avaliados em mais de dez milhões; os grupos maias da Guatemala, que somam talvez um milhão e meio; os diversos grupos mexicanos, com mais de duzentos e cinquenta mil habitantes, que somarão, no total, uns dois e meio milhões: e ainda os mapuche do Chile, que se acercam a um milhão.

Todos esses povos foram vistos até recentemente como campesinatos e olhados sempre debaixo da tola suposição de que, com uma boa reforma agrária, progredindo, eles deixariam da mania de ser índios para se integrar alegremente nos países em que viviam.

Hoje, ninguém duvida de que eles são povos oprimidos, aspirantes à autonomia. Sabem clara e sentidamente que são os descendentes daqueles que viram um dia chegar e se instalar em suas terras o invasor branco, que se apropriou de todos os bens e os submeteu ao cativeiro.

Vieram depois — eles viram e não esqueceram — os crioulos nascidos na terra declarar a "independência" para continuar exercendo o mesmo domínio opressor sobre eles.

Os fanáticos das lutas de classe — esquecidos de que a estratificação social é coisa recente, muitíssimo mais nova que as entidades étnicas, e de que é até provável que as classes desapareçam antes das nacionalidades —, teimando em negar a identidade desses indigenatos como povos oprimidos, contribuíram ponderavelmente para que eles continuassem sendo oprimidos.

Uma das indicações de que está surgindo uma nova civilização nos é dada hoje pelo fato de que por todo o mundo os quadros nacionais se abrem admitindo autonomias étnicas antes impensáveis. Uma das características já evidentes da civilização emergente é justamente esta propensão a debilitar os quadros nacionais na sua capacidade de tiranizar e de calar os povos oprimidos dentro de seus territórios.

Mesmo na Europa, isto se vê na conduta dos flamengos, dos vascos, bem como de dezenas de outros povos que são cada vez mais fanaticamente eles mesmos, repelindo antigas sujeições e lutando pela autonomia na condução de seu destino.

Se isto ocorre lá, na América Latina, onde a identidade dos povos indígenas é muito mais remarcada e diferenciada e onde a opressão que eles sofreram foi muito mais cruel e continuada, a tendência é que estalem rebeldias ainda maiores, que podem resultar em verdadeiras guerras interétnicas. É até provável que elas mudem o quadro atual das nacionalidades latino-americanas onde sobrevivem estes indigenatos; ou, ao menos, que transfigurem seu caráter para forçá-los a deixar de ser estados nacionais unitários oprimindo sociedades multiétnicas, para serem estados plurinacionais.

Um contraste notável entre as microetnias e as macroetnias é que, enquanto aqueles povos tribais resistiram secularmente ao avassalamento e alguns ainda resistem, os indigenatos foram rapidamente conquistados e subjugados. Isso se explica porque as microetnias, não se tendo estratificado em classes, nem estruturado em Estados, não contavam com nenhuma entidade capacitada para negociar e garantir a paz. Ainda hoje, quando as fronteiras da civilização expandindo-se deparam com grupos indígenas no interior do Brasil, por exemplo, o que se segue é a guerra entre aquela tribo isolada e a civilização que chega lá com cinco séculos de atraso.

As macroetnias, ao contrário, sendo sociedades de classe que haviam experimentado a opressão de seus próprios estratos dominantes, estavam predispostas para aceitar e acatar o avassalamento. Assim é que puderam ser rapidamente dominadas após a conquista das suas cidades e o extermínio de suas elites e a subjugação de seus burocratas.

Mesmo que subjugados, porém, aqueles povos encontraram formas de pactuar seus *modus vivendi* com o invasor que lhes permitiu escamotear e preservar seu ser e, tanto quanto possível, a sua cultura para ressurgirem, agora, no espaço aberto pela civilização emergente, como povos aspirantes ao comando autônomo de seu destino.

Gosto de prefigurar nossa futura federação latino-americana como um conjunto de nações que venha a incorporar no seu seio alguns povos indígenas originais das Américas. Lavados das feridas da exploração, curados dos vexames da opressão, eles se reconstruirão como culturas autênticas para florescer outra vez como civilizações autônomas.

A UTOPIA ERA AQUI

A América Latina existiu desde sempre sob o signo da utopia. Estou convencido mesmo de que a utopia tem seu sítio e lugar. É aqui.

Thomas Morus escreveu a própria Utopia inaugural inspirado nas primeiras notícias certas que chegavam à Europa sobre a nossa inocente selvageria. Antes, todo europeu pensava que seus antepassados primevos eram uns patriarcas barbudos, enrolados em sujas túnicas, fedorentos, chorando feios pecados.

Foi a visão da nossa indiada louçã, vestida na inocência de sua nudez emplumada, dançando num jardim tropical idílico, que lavou seus olhos daquela visão de judiaria. Desde então, acendeu-se o ardor utópico que floresce em ondas sucessivas de fantasias generosas ou perversas, repensando o mundo como projeto. Inventando comunismos bonitos e feios de bons e maus selvagens, sonhando com vidas possíveis, mais gostosas de ser vividas.

Antes de Thomas Morus, muitos homens santos afirmaram, com base na sua sabedoria teológica ou astrológica, que as ilhas de Fidel com que Colombo topou eram o Éden. Os próprios navegantes, com fundamento na sua experiência direta e visual, disseram o mesmo.

Colombo, visivelmente encantado com a beleza inocente da indiada pelada, confessa sem vexame, em carta ao Santo Papa, que o que tinha encontrado era o Paraíso Perdido. "Cri e creio", escreve ele, "como creram e crêem todos os sábios e santos teólogos, que naquela minha comarca é que está o Paraíso Terrestre."

Américo Vespúcio, na sua vocação irresistível para a publicidade, disse e reiterou exaustivamente que aquele seu novo Mundo tão ameno, verde, arborizado, florido, salutar, frutífero, sonoro, saboroso, passarinhado, musical, cheiroso e colorido só podia ser mesmo é o Éden. E era.

De fato, o debate destas ideias, fundado seja na especulação teológica, seja na sabedoria de experiência feita, preocupou mais aos eruditos europeus de que a comprovação, simultânea, de que a Terra era mesmo redonda que nem uma bola, mas espantosamente não derramava o mar, nem despencava os antípodas.

Queria se saber, sofregamente, é se aquela indiada desnuda, tão dada às dádivas do amor como a trocar espelhinhos por ouros, era uma humanidade ou uma bicharada. Teriam alma, capaz de pecados e virtudes? Podiam receber comunhão? Como pagãos, inscientes da Revelação e, portanto, inocentes, teriam competência para pecar? Seriam só hereges? Ou seriam infiéis?

Vieram logo sábios mais sábios demonstrando, agora, que os índios, na verdade, estavam é mergulhados no pecado da nudez e da falta de vergonha, da luxúria e da antropofagia, do incesto, da feitiçaria, da sodomia e da lesbiania. Seriam criaturas do diabo. Homúnculos. A Europa, contrita, assume, então, os deveres da cristandade, propondo-se arrancar a ferro e fogo aqueles pobres índios das mãos do demo. Santos homens surgem aos magotes, com fanáticas vocações missionárias, e embarcam para cá com suas caras fechadas, suas túnicas negras e suas sólidas virtudes.

Vinham desindianizar os índios, tirando-os da vida selvagem para fazer deles cândidos índios seráficos.

A utopia cristã, servida por tantos apóstolos, divide-se, logo, em duas correntes irredutivelmente odientas: a católica e a protestante. Ambas caem como pragas sobre as aldeias. Loyola põe em terras americanas seus sequazes, empenhados em chamar os índios à santidade, destruindo sua vida aldeã para juntá-los em santas reduções missionárias. A tristeza da indiada foi tamanha que as mulheres deixaram de parir. Os padres tinham de tocar sinos de madrugada para os maridos cumprirem seu dever.

Vieram, então, os sectários de Calvino que desembarcaram um milhar de huguenotes nas praias ensolaradas do Rio de Janeiro para fundar a utopia luterana no meio da indiada tupinambá. Quando se espalhou no mundo católico a notícia da implantação da França Antártica sob regência luterana, o ódio se acendeu e se acirrou.

Estala, aí, em terra americana, a guerra da Reforma e da Contra-reforma. Os jesuítas confederam seus acólitos índios e os lançam contra a indiada que se aliara aos calvinistas. Dez mil índios morreram nesta suja guerra de tribos indígenas, brigando não sabiam por quê. Zelosos consigo mesmos, os cristãos tanto se esquivaram das batalhas e tanto se concentraram no papel de atiçadores do ódio que não perderam, nos dois lados, nem duas dezenas.

Falida a utopia protestante, prossegue a católica, levada à frente principalmente pelo ardor guerreiro dos soldados de Jesus. Primeiro, se tenta fundar a Pia Cristandade Índia na costa atlântica brasileira. Ao fim de três décadas de porfia, Nóbrega, o pastor dos filhos de Loyola, conclui que não converteu ninguém: "com um anzol, os converto; com dois, os desconverto", se queixou.

Mas a Companhia prossegue na tarefa santa, gastando milhões de índios dos aguais do Amazonas, numa tão santa como insensata cruzada de lhes dar uma alternativa civilizatória que não fosse a escravidão na mão dos colonos.

Acabados os índios accessíveis do Brasil, os jesuítas prosseguem no Paraguai seu duro ofício. Longe de qualquer colonização mercantil, conseguem montar a primeira experiência humana de reconstrução intencional da sociedade como um projeto. Resulta dele uma República Comunista Stalinista de Infiéis, em que se concentram centenas de milhares de índios, rezando e comungando de manhã, plantando as roças de Deus de tarde, e mais rezando de noite para carpir seus tantos pecados. Num desentendimento entre as coroas de Portugal e da Espanha sobre a que jurisdição pertencia a província em que se levava a cabo aquele experimento, os loios são expulsos e se vão. A indiada desvirilizada pela catequese se vê descabeçada.

Em consequência, morrem ou são escravizados os milhares de catecúmenos, atropelados pelos colonos brasileiros, argentinos e paraguaios.

Simultaneamente com esta dizimação da indiada, a imagem que deles a Europa teve nos primeiros tempos se transfigura inteiramente. A figura do índio idílico em seu Éden tropical dá lugar à do antropófago no Inferno Verde. O doce nome do povo que assombrou a Colombo pela generosidade passa de caribe a canibe e daí a canibal. Logo, seria declinado como Calibã, para assim surgir como o objeto do zelo civilizatório de Próspero, que lhe dando fala e entendimentos os introduziria na história.

Alcança o clímax, nesta altura, sem quebra de furor servacionista que se desencadeara na Europa, o processo de desfazimento da indiada, para fundar, como uma empresa, a cristandade ultramarina produtora de ouros e gêneros tropicais.

Medite comigo, leitor, sobre esta desventurada epopeia da cristandade utópica europeia nos trópicos. Além de uma tragédia, um terrível equívoco. O que se queria implantar aqui, em nome de Cristo, era o que havia desde sempre, como jamais houve em parte alguma: uma sociedade solidária de homens livres.

Como explicar tanta cegueira em tão santos homens? Qual é a trava que não permitiu e não permite ainda, a tantos missionários, ver a beleza da existência humana das comunidades indígenas que eles destroem cruelmente, em nome de uma quimera que sua própria sociedade não realizou jamais? Como e por que sua fé de pregadores da palavra divina os torna, como a cobiça desvairada dos colonos, tão cegos para a alegria e a beleza de formas de existência que maravilharam e comoveram todos que puderam vê-las e nelas conviver?

Isto é tanto mais espantoso quando se verificam os vínculos da difusão de notícias sobre as sociedades indígenas ainda não estratificadas em classes, com o ascender do pensamento utópico na Europa. Foram as notícias delas que inspiraram Thomas Morus, encandearam Erasmo e Campanella, alentaram Rousseau a inverter o entendimento europeu no mundo. Com base nelas é que se arrancou o Paraíso Perdido do passado, para projetá-lo, mirífico, no futuro.

O Éden não foi nem se perdeu, por que será? É tarefa dos homens que, amanhã, irão refazer a si próprios como um projeto, quando proibirem o passado de gerar o futuro, marcando-o com suas feias marcas.

Simultaneamente com estes processos de etnocídio cultural e de população genocida da América indígena, uma entidade étnica nova nasce e cresce lenta mas firmemente. Surge, de início, como uma espécie de bicheira ou de câncer implantado parasitariamente nas comunidades indígenas para tirar vida de sua morte.

Falo dos implantes civilizatórios. Aqui e ali, nas praias do Atlântico e do Pacífico e depois subindo os rios pelo interior adentro, eles foram se fixando. Primeiro, como feitorias de trocar bugigangas por paus-de-tinta. Depois, como bases corsárias de onde partiram os bandos de salteadores para o saqueio das riquezas do México e do Peru. Finalmente, como protocélulas de uma nova formação econômico-social, articulada com o mercado mundial para a produção de gêneros tropicais de exportação ou a exploração de outros recursos do Novo Mundo.

Partindo do nada em 1500, esses núcleos brancóides alcançam seis milhões em 1825, saltam depois para sessenta milhões em 1950 e ameaçam alcançar nada menos que duzentos milhões no fim do milênio. Como tanto branco pode nascer dos pouquíssimos que vieram para cá no período colonial só se explica, de um lado, pelo fato de que aquilo que chamamos de "brancos" latino-americanos são na verdade mestiços com mais sangue indígena do que europeu.

É certo, por outro lado, que após a independência, alguns países da América Latina sofreram a invasão de um verdadeiro alude imigratório de brancos europeus que vieram engrossar as fileiras da branquitude. Exceto na Argentina e no Uruguai, por toda parte eles encontraram já populações mestiças tão numerosas que não puderam mudar suas características raciais básicas.

O incremento do grupo brancoide revela-se ainda mais surpreendente quando se compara com o desenvolvimento das populações negras. Partindo dos mesmos seis milhões em 1825, os negros apenas alcançaram quinze milhões em 1950 e prometem chegar a apenas setenta milhões no ano 2000, se é que prosseguem as tendências demogenéticas atuais. Essas diferenças assinalam fundamentalmente, por um lado, a dureza da escravidão e, por outro lado, a condição privilegiada do contingente brancoide.

O crescimento realmente espantoso da população latino--americana é o que se dá com os mestiços. Eles de apenas sete milhões em 1825 passam a setenta milhões em 1950 e crescem tão rapidamente que bem podem alcançar seus trezentos milhões no ano 2000. Então os mestiços serão mais de metade da população da América Latina. Aquela metade que lhe dará sua feição característica de um povo que concentra em seus genes o patrimônio de qualidades e de taras de todas as raças de homens.

A julgar pelos mestiços e mulatos que se veem pelas praias do Rio de Janeiro, por exemplo, serão das gentes mais belas do mundo. Também podem ser feiíssimos se julgar pela gente das áreas miseráveis do Brasil ou de toda a América Latina, com suas populações famélicas, enfermas, desgastadas e precocemente envelhecidas. As grandes diferenças raciais que hoje se observam em nosso mundo latino-americano são as que separam e opõem os membros das raças que comeram durante uma ou duas gerações, esplendorosos todos, dos pobres-diabos que ainda não comeram: feios, macilentos, banguelas e tristes.

VICISSITUDES ANTIUTÓPICAS

Uma característica singular da América Latina é sua condição de um conjunto de povos intencionalmente constituídos por atos e vontades alheios a eles mesmos. Atos germinais efetuados dentro de programas que, se não foram sempre previamente prescritos, se desdobraram dentro da máxima racionalidade. Nada se deixou ao acaso. As cidades foram plantadas em lugares criteriosamente escolhidos e construídas segundo plantas detalhadas para cumprirem funções preestabelecidas. A exploração de recursos ou a implantação de novas formas de produção se exerceram sempre segundo regulamentações explícitas.

Nesta ordenação exaustiva, a única coisa que, embora muito regulada legalmente, nunca preocupou de fato aos governantes, foi o destino da população original, que aqui se encontrou e a que ela sucedeu, totalmente refeita. O povo sempre foi, nesse mundo nosso, uma mera força de trabalho, um meio de produção, primeiro escravo; depois assalariado; sempre avassalado. Suas aspirações, desejos e interesses nunca entraram na preocupação dos formuladores dos projetos nacionais, que só têm olho para a prosperidade dos ricos.

De outro povo se pode dizer, talvez, que resultaram em sua forma presente, do desenvolvimento de suas potencialidades, tal como ele se processou espontaneamente no curso da história.

Nós, não. Somos a resultante de empreendimentos econômicos exógenos que visavam a saquear riquezas, explorar minas ou promover a produção de bens exportáveis, sempre com o objetivo de gerar lucros pecuniários. Se destas operações surgiram novas comunidades humanas, isto foi uma resultante ocasional, não esperada e até indesejada. Nascemos, de fato, pela acumulação de crioulos mestiçados racial e culturalmente, que se multiplicaram como uma espécie de rejeito ou de excesso. Um dia essa mestiçaria foi chamada a virar um povo, quando uns nativos ricos decidiram que constituíam um povo-nação que queria a independência. Naturalmente, suas repúblicas se organizaram prescindindo do concurso do populacho. Ainda hoje, século e meio depois, seus sucessores encastelados no poder acham que o povo não está preparado para o exercício da cidadania.

Nunca chegamos a ser nações organizadas como quadro dentro dos quais o povo vive seu destino, realizando suas potencialidades, à base de um corpo de direitos co-participados. O povo, primeiro, era o gentio pagão que só existia como matéria-prima para ser transformado em alguma coisa mais pia pelos missionários e mais útil pelos colonos.

Depois, foi a negraria escrava importada como uma força energética que se queimava como um carvão humano nas minas e nas plantações para produzir o que não comiam nem queriam, mas sim o que dava lucro ao amo e senhor.

Hoje, é a massa excessiva de gentes escuras, mestiços de índio e de pretos, meio envergonhados de suas caras tão contrastantes com os padrões europeus de beleza e dignidade.

Eles aí estão sempre disponíveis como uma força de trabalho que é o componente mais reles da produção, porque, sendo mais barato do que a terra, o gado, as máquinas e os insumos, nem precisa ser poupado. De fato, até valia mais antigamente, quando era escasso e tinha que ser caçado no mato, transladado da África ou importado como imigrante, ou quando os europeus excedentários se converteram também em gado humano exportável.

O povão latino-americano tanto se multiplicou que hoje excede, visivelmente, às necessidades da produção. Começa mesmo a causar preocupações.

Que fazer de tanta gente desnecessária? Se alguém quisesse importá-la, nossos governos forneceriam de graça e ainda subsidiariam a operação. Lamentavelmente, ninguém nos quer. Tratou-se, laboriosamente, com copiosa assistência internacional, de sustar seu incremento impetuoso, seja distribuindo pílulas, seja instalando nas donas mais pobres e morenas assassinos aparelhos anticonceptivos. Amanhã tentarão talvez a castração dos machos e a esterilização das fêmeas.

A presença e as aspirações singelas deste povo todo que deseja ter, cada qual, seu emprego certo, comer todo dia, fazer um curso primário completo, ser tratado nas doenças graves e de aposentar-se aos setenta anos, excedem tanto as possibilidades do sistema que já não deixam muita gente dormir.

Não há nenhuma possibilidade, nem nos horizontes mais longínquos de desenvolvimento da América Latina tal como ele se dá agora pela rota do subdesenvolvimento, de concretizar esta singela utopia, em qualquer tempo previsível.

A pergunta que se coloca, nesta altura, é a que nos explique por que exatamente o povos das Américas, que foram os mais ricos e o mais cultos do passado — que éramos nós —, estamos hoje tão mergulhados no atraso? E por que, ao contrário, os povos mais chucros e mais pobres de ontem, que só contavam com singelas igrejas de tábuas e uma economia artesanal auto-suficiente — que eram os norte-americanos —, passaram tanto à nossa frente?

A resposta está, provavelmente, no tipo de sociedade que lá e cá se construiu. Isso se comprova, inclusive, olhando para o sul escravista dos Estados Unidos. Seu pendor de ser uma sociedade subdesenvolvida, atrasada e desigualitária era tão veemente que foi necessária a Guerra de Secessão para impedi-los de determinar o estilo de vida e o modo de organização da sociedade global.

Com efeito, os metais preciosos retirados da América Latina multiplicaram várias vezes a existência de ouro e de prata no mundo. As exportações de açúcar foram o produto mais rico e lucrativo do mercado mundial até a primeira guerra, quando foram superadas pelo petróleo.

A enorme riqueza destes e de dezenas de outros produtos, amassada à custa do desgaste de milhões de escravos índios e negros, deixou aqui, além dos buracos das minas, duas contribuições importantes. Uma, muito alabada, que são as implantações civilizatórias de que tanto nos orgulhamos: fortalezas portentosas, suntuosas igreja barrocas, coloniais, que fazem o esplendor do México, do Recife, da Bahia, do Rio de Janeiro, de Ouro Preto, de Lima ou de Quito. Os Estados Unido nunca tiveram nada de tão brilhante e civilizado.

O outro resultado, este muito menos apreciado, é o nosso povão amulatado de negritudes e mestiçado de indianidade, que constitui hoje um dos maiores núcleos populacionais do mundo. Para quê?

PERPLEXIDADES BOLIVARIANAS

Bolívar, lutando para tirar a América Latina do jugo espanhol, se perguntava que povo era aquele que se libertava.

— Quem somos nós? Não somos europeus, nem somos índios. Somos uma espécie intermédia entre o aborígine e o espanhol.

A perplexidade do herói ecoa até hoje. Todos nós, intelectuais latino-americanos, somos uns zeas aflitos na busca de nossa identidade.

— Quem fomos? Quem somos? Quem seremos?

Distingo nas Américas quatro configurações histórico-culturais de povo, nitidamente diferenciados por seus respectivos processos de formação:

Os *povos testemunho*, resultantes do choque do invasor europeu com as altas civilizações asteca, maia, e incaica, nos quais jamais se deu uma síntese viável entre a indianidade sobrevivente e os crioulos hispânicos.

Os *povos novos*, feitos pela confluência de índios tribais, negros escravos e brancos ibéricos aliciados nas plantações tropicais, para exploração de produtos florestais ou de minas e metais preciosos, que deram lugar a um ente étnico inteiramente novo, profundamente diferenciado de suas três matrizes e que ainda anda em busca de sua identidade. São povos que, não tendo passado de que se orgulhar, só servem para o futuro.

Os *povos transplantados*, como a América saxônica e o Canadá, que são meras implantações europeias em terras americana, tal como o são também a Austrália e a Nova Zelândia. Nesta categoria, situo também a Argentina e o Uruguai que, apesar de constituídos originalmente com *povos novos*, foram depois transfigurados pela enormidade da avalanche imigratória que sofreram.

Finalmente, os *povos emergentes*, que são os indigentes que começam a se alçar no seio dos *povos testemunho*, aspirando à autonomia nacional.

A cada uma destas configurações corresponderam modos diferentes de fazimento da população e da nacionalidade.

Nós, brasileiros, por exemplo, enquanto *povo novo* — tal como os venezuelanos, colombianos, cubanos, etc., etc. —, surgimos dos mestiços prenhados por pais brancos nos ventres de índias, querendo identificar-se com o pai e sendo rechaçados.

Crescendo, fomos ser bandeirantes paulistas matadores do gentio materno. Por isso é que um jesuíta maldoso nos chamou de *mamelucos*, lembrando aqueles meninos roubados nas áreas de dominação islâmica que cresciam nos criatórios de gentes para serem, segundo seus talentos, eunucos, janízaros, chipaios ou mamelucos. Quer dizer: serviçais opressores de seus povos.

Por séculos só falamos uma língua geral criada, mal pronunciando o tupi com bocas portuguesas. Sobrevivemos porque aprendemos a viver aqui com os índios, tirando o sustento dos roçados de plantas que deles recebemos: mandioca, milho, amendoim, tabaco e muito mais. Como índios é que caçamos, pescamos e fazemos choças. Com nomes índios é que chamamos as coisas da terra e do céu.

Depois que começou a chegar a negrada, os mamelucos ganharam uma função adicional: a de vigiar escravo fujão, doido para cair num quilombo e, simultaneamente, a de cruzar com eles.

Esses negros, aliás, é que impuseram o português no Brasil como língua materna. Um português aprendido ao som dos berros dos capatazes que eles adoçaram com suas bocas afras. Com efeito, onde o negro não chegou o povo continuou por séculos falando tupi.

A civilização para os negros escravizados representou a saída de suas comunidades tribais igualitárias, onde eram pessoas, para se verem convertidos em coisas como bens semoventes. Assimilados à alimária, tinham o trato ou maltrato que o dono lhes quisesse dar. Civilização para eles foi a animalização nos quilombos imundos, onde aprenderam a realizar as tarefas da produção mercantil debaixo da pedagogia do chicote. Trabalhavam de sol a sol, a semana inteira para enricar o senhor, e ainda no domingo, em sua própria rocinha, para ter o que comer.

Como o senhor nunca juntava negros da mesma língua para evitar motins, eles tinham de falar uns com os outros na língua do amo. Assim, lentissimamente, se rehumanizaram, ganhando fala, ser e entendimento. Outro ser. Mas um ser já suficientemente situado no novo mundo para ousar fugir pro mato e lá refazer o comunismo primitivo dos quilombos.

Às guerras de extermínio dos índios, os neolusitanos, agora

brasileiros, tiveram de somar outra, também secular, de sujigação dos negros alçados.

Este sistema feroz pôde funcionar graças ao ingresso permanente de mais negros, tal era a mortalidade que custava. Para isso, os europeus montaram as primeiras empresas multinacionais modernas reunindo capitais e empresariados ingleses, holandeses, franceses e até ibéricos que compuseram máquinas prodigiosas de caçar negros na África embarcá-los em tumbeiros para atravessar o Atlântico e vender na América Latina. Nesta operação capitalista de acumulação original, dezena de milhares de negros foram mortos ou escravizados.

Tarefa hercúlea como nenhuma outra. Lucrativíssima. Os empresários brancos que compravam os negros para fazê-los produzir aqui pagavam por eles mais da metade do valor da sua produção. Escravo rendia, mas era combustível caro.

As mulheres negras eram tão poucas — uma talvez para cada três homens — que nunca sobrou preta para negro cobrir. Enquanto comíveis, eram prenhadas é pelo patrão velho e pelo senhorzinho, depois pelo capataz, depois pelo primeiro oficial, etc. Deles pariram mulatinhos risonhos que engrossavam a escravaria do senhor. Esses frutos da terra ganharam logo muita má fama como escravos fujões, mulatos pernósticos, desrespeitadores, insuportáveis, que não sabiam se pôr em eu lugar. Ainda são muito mal vistos.

Muito diferente foi o processo formativo dos *povos testemunho* — como os mexicanos, os guatemaltecos, os peruanos, os bolivianos, os equatorianos —, pelo drama de sua ambiguidade essencial. Sendo altas civilizações, servidas de cidades com nobrezas e sacerdócios, exércitos e burocracias, se viram logo subjugadas pelos europeus que tomaram as cidades, derrubaram os templos, degolaram os nobres, derrotaram os exércitos e puseram a seu serviço as burocracias para dominar o povo índio avassalado.

Deu-se aí a mesma mestiçagem prodigiosa de pouquíssimos europeus com a multidão de índias cativas. Mas estes mestiços — por contraste, mais ocidentalizados — se isolam nas cidades e vilas, sempre diferenciados da indiada que permanecia no seu mundo, como um campesinato que perdeu suas cabeças citadinas. Era principalmente uma fonte, aparentemente inesgotável, de mão-de-obra para todos os fazimentos que os crioulos requeriam.

Aproveitando a crise napoleônica europeia, os mais claros e sabidos desses crioulos, orgulhosíssimos de não serem índios, decidem fazer a independência. Eram movidos tanto pelo amor à liberdade como pela curiosidade de experimentar novas formas de governo; mas, sobretudo, pelo desejo de acesso aos altos cargo da administração do Estado, de embaixadores, de generais, de magistrados, de financistas, de empreiteiros. Madri muda-se assim para a cidade do México, da Guatemala, de Lima, de Quito e La Paz para continuar exercendo, dali, sua função civilizatória sobre a indiada que teimava em continuar índia, apesar da vil tristeza da vida que tinham como índios de uma civilização alheia.

TEORIAS DO ATRASO E DO PROGRESSO

Através das décadas e dos séculos, o patronato latino-americano se consolou com a sábia ideia de que o subdesenvolvimento de seus países tinha uma explicação evidente em fatores naturais e imutáveis. A causa estaria no clima tropical, insofrível, e na descontrolada mestiçagem com raças inferiores, inaptas para civilização:

— Essa mulataria tropical só quer sombra e água fresca.

Sem questionar essas consoladoras razões causais, acresciam a elas outras vicissitudes. A religião católica, tão imprópria ao progresso: tanta igreja suntuosa. Tanta missa. Tanta confissão e comunhão. Tanto latim...

Outra infelicidade latino-americana seria a herança ibérica que trouxera para cá a indolência e a intolerância desses povos exóticos lá dos confins do Mediterrâneo, mais africanos que europeus.

— Outro seria nosso destino, se não expulsassem os holandeses e os franceses que tanto nos quiseram colonizar.

Confiava-se, entretanto, em que o esforço e a laboriosidade dos empresários empenhados em promover o progresso latino-americano a qualquer custo, com o tempo, superaria tantos fatores adversos.

— Afinal, somos países jovens, futurosos.

A educação e o saneamento, junto com uma boa acumulação capitalista, preparam o dia da prosperidade geral.

— Então, as rendas poderão ser mais distribuídas, em justos salários, porque o povo já saberá gastar em coisas úteis, em vez de tudo dissipar em carnavais.

Ultimamente, a doce consolação que as classes dominantes e seus letrados tiravam desse discurso foi perturbada por uns chatos. Começou-se a duvidar de que fosse tão verdadeiro.

— O trópico é ou não é o melhor lugar pra gente humana viver?

Nascendo nuelos, só em países tropicais nós homens podíamos surgir.

Outros demonstraram, depois, que quem trabalha mesmo de sol a sol em nossos países, edificando quanto se construiu, cultivando tudo que se plantou para exportar, fabricando quanto se fabricou, é só preto, mestiço e branco pobre que, afinal, é a mesma coisa.

As outras causas e culpas do atraso foram sendo também desmoralizadas. Umas, olhando para a França católica que não parece propriamente subdesenvolvida. Outras, visitando o batavo Suriname ou a gala Caiena que não maravilhavam ninguém. O final das consolações se deu quando um espírito de porco descobriu que a América do Norte é cem anos mais jovem que nós, entretanto...

Caiu-se, desde então, na suspeita subversiva de que a culpa causal de atraso tamanho, não sendo atribuível aos feios e aos pobres e ignorantes, bem pode residir nos ricos, bonitos e educados. Os projetos de ordenação das nossas sociedades nacionais que eles formularam, regeram e regem desde sempre e que sempre foram tão gratificantes e lucrativos para eles, talvez sejam a causa do atraso. Essencialmente sua incapacidade de promover uma prosperidade que atinja a população trabalhadora. Economias nacionais voltadas para fora, convertendo o povo num proletariado externo das nações ricas, fazem dele o que é todo povo colonizado e dependente: uma merda.

Mas tudo é relativo. A classe dominante colonial que estruturou nossas economias de exportação, não se consolando nunca de seus povos serem tão mestiçados, tão indolentes e sem ambição, era uma maravilha diante da nova classe que surgiu com a independência. Esta, tanto se atrelou a interesses e ideias estrangeiras, primeiro inglesas, depois norte-americanas e tanto se cevou em subornos e propinas que converteu a América Latina num conjunto de colônias atípicas. Funcionando, de fato, como colônias, se engabelaram com a ideia de que eram nações livres macaqueando parlamentos de mentira. Estes só serviram, de fato, foi para promulgar leis antipopulares e reacionárias, consagrando a riqueza dos ricos e a pobreza dos pobres.

Este empresariado tem, porém, a seu crédito, a façanha de ter promovido uma relevante modernização reflexa de seus países, implantando ferrovias, importando caminhões e iluminando cidades, tudo para os tornar ainda mais eficazes no seu papel tradicional de provedores no mercado mundial. Seus propósitos mais ambiciosos foram o de lavar o cérebro da população nativa através de programas educacionais — o que não pôde ser concretizado porque já havia gente demais — e o de lavar-lhes o sangue, através da importação de reprodutores brancos. Isto se fez, ao menos no Cone Sul. No Sul do Brasil se tentou, afanosamente, com grande entusiasmo do imperador e do embaixador francês, mas era mulato e índio demais para branquear...

Outra vez caímos em exagero por incapacidade de relativizar. De fato, pior ainda que aqueles aprendizes do capitalismo dependente é a classe dominante atual da América Latina. Seu setor predominante é, hoje, o estamento formado pelos gerentes das empresas multinacionais que abocanharam mais da metade das empresas privadas. Cada vez que um porta-voz da Volkswagen, da Toshiba ou da Ford tosse, os ministros saltam sôfregos, pressurosos, oferecendo lenços para receberem o catarro dos espirros.

Se os patronatos nativos coloniais e consulares organizaram nossos países para seu próprio enriquecimento e gozo, estes gerentes e a tecnoburocracia que lhe sucederam os reorganizam, ainda mais eficazmente, para o lucro de suas matrizes. Agora, em lugar de locomotivas e motores importados, implantam aqui fábricas de automóveis, de televisões, de remédios, cigarros, cosméticos, refrigerantes e até de computadores, promovendo uma nova onda de modernização que nos torna cada vez mais modernos e dependentes. Trabalham afanosamente, quase afoitos, na certeza de que precisam tirar o máximo de nossos países porque espoliação tão desavergonhada não pode durar.

CONSCIÊNCIA ALIENADA

Mais ainda que países da utopia, nós somos o reino do desarraigo. Comecemos por nossa louca geografia. Conversando com um chileno, um peruano ou com um cidadão de qualquer país da costa do Pacífico, se verifica facilmente que para ele o que seu país tem pela frente é a Europa atlântica ou a América saxônica. Abstrai totalmente o fato de que para ir à Europa, ele tem de rodear o Estreito de Magalhães lá em baixo, ou atravessar o Canal do Panamá, lá em cima. Se algum malvado lhes diz que eles vivem é cara a cara com a China e o Japão, os pobres se assustam demais.

Nós, da costa Atlântica, que moramos face a face com a África de onde vieram tantíssimos de nossos patrícios, apagamos com igual zelo este fato de nossas mentes. Somos vizinhos é da França ou da América. América, aliás, é para todo latino-americano só a lá do Norte. Nós nos concebemos, de fato, é como uma espécie de subúrbio do mundo. Uma área marginal, periférica, posta de cabeça pra baixo na calota de baixo da Terra para sofrer. Exagero, certamente.

Na América do Sul, o Brasil faz uma fronteira terrestre de quinze mil quilômetros com outros países. Como ela corre, deserta, na montanha ou na floresta impenetrada — uma vez que só temos uns poucos pontos de contato —, é como se pertencêssemos a continentes diferentes. Cada país latino-americano, insciente de seu contexto — exceto para tricas e futricas, ou para a troca de peças das respectivas fábricas das multinacionais — se relaciona diretamente é com o Centro, ainda que este seja tão descentrado com as metrópoles que olhamos, pasmados: Paris, Londres, Moscou, Pequim, Berlim, Nova York, Tóquio.

Falo, evidentemente, é da visão do mundo das classes afortunadas, cultas. O povo mal sabe de que país é. Sua pátria verdadeira é a patriazinha do quarteirão rural onde nasceu e onde vive; ou o vasto mundo estranho e inóspito das estradas em que transita de fazenda a fazenda, servindo a seus patrões.

Outra alienação latino-americana bem típica é nosso jeito de povo que chegou aqui ontem e ainda não conhece a terra onde mora. Enquanto um índio sabe o nome, o uso e o mistério de cada animal e planta e pedra e terra e nuvem, para nós latino-americanos tudo é bicho ou pé-de-pau ou coisa. Somos, culturalmente, uma espécie de povos tábua-rasa, desculturados dos saberes e das artes tão elaboradas de nossas matrizes indígenas, africanas, europeias. Ao nos civilizarmos, ficamos parvos. Perdendo a cara e o ser que tínhamos viramos uma pobre coisa que só lentissimamente se vem refazendo pelo cruzamento sincrético de tradições alheias. Quando elas se cristalizavam numa cultura popular vivente, surgiram o rádio e a televisão que tudo querem converter em folclore e matar para difundir o iê-iê-iê. Mas resistimos. Até quando?

Não se precipite, leitor, em face de nossa pobreza, envaidecendo-se de ser civilizadíssimo e servido por bens culturais admiráveis. Assim é, efetivamente. Mas eu prefiro nossa pobreza inaugural à sua opulência terminal, de quem já acabou de fazer o que tinha a fazer no mundo e, agora, usufrui o criado. Nós temos todo um mundo a refazer. Eu mesmo — morra de inveja! — andei num rio caudaloso que ainda não tinha sido mapeado. Fui o primeiro a conviver e estudar os kaapor, um povo que parecia saindo ainda fresco das mãos do Criador. Nossa tarefa não é usufruir riquezas terrenais acumuladas em museus e institutos culturais. E fazer o melhor possível para se viver o mundo que há de ser.

Também no tempo, nós latino-americanos não nos situamos direito. Para um norte-americano houve, antes do capitalismo, um feudalismo que ele viveu na Inglaterra. Antes, um escravismo de quando os romanos mandavam lá. Houve até algum tribalismo canibal dos seus avós germanos, documentado por Tácito.

Para nós, não. Assim como o passado do mundo não foi nosso passado, o seu presente não é nosso futuro. Somos evolutivamente de outro fuso temporal. Para nós, qualquer revolução burguesa de liberação das peias feudais, a fim de ensejar o surgimento de um empresariado shumpeteriano, seria tardio. Já nascemos capitalistas, produzindo mercadorias com mão-de-obra escrava em grande empresas agromercantis exportadoras. A revolução socialista para nós foi uma tarefa precoce, porque cada bando de negro fugido do nosso escravismo capitalista recaía no comunismo primitivo; e cada campesinato alçado do capitalismo dependente refunda a comunidade solidária e nela vive feliz até que a polícia venha acabar com a festa.

Tão fora dos tempos evolutivos vivemos, que Fidel e Che só fizeram uma revolução socialista em Cuba por ignorância. Se fossem lidos de marxismo, saberiam que a etapa cubana era ainda a democrático-burguesa.

EUROCENTRISMOS

No patrimônio cultural que herdamos da Europa se destacam três contrabandos ideológicos, pelos imensos danos que nos causaram. O primeiro deles, nossa herança hedionda, foi desde sempre e ainda é o racismo como a arma principal do arsenal ideológico europeu de dominação colonial.

Atribuindo-se o papel de agente civilizador, o europeu passou a representar o mundo de fora como habitado por sub-raças que eles eram chamados a regenerar. O ardil é tão terrível e sutil que cada negro e cada índio e seus mestiços desculturados por europeus tanto metem dentro de sua própria consciência a ideia de sua feiúra e inferioridade inatas que sofrem terrivelmente por ter a cara que têm. Uns, inocentes, ainda sofrem, coitados.

Frente à evidência incontestável da esbeltez, da vivacidade e do vigor de nossos mulatos e mestiços, os teóricos da superioridade brancóide estiveram dizendo por séculos que eles não eram mais do que mulas humanas e como tal, além de infecundos, incapazes de civilização. Mesmo frente à beleza e à graça incomparáveis da mulher negra e morena, primava o vezo de tratá-las como indignas tanto por sua ancestralidade servil como, e principalmente, pela ideia de que estavam indelevelmente impregnadas da cor e da marca de raças inferiores.

O racismo latino-americano é, como se vê, fruto europeu de exportação que, transplantado aqui, vicejou que foi um horror. O nosso só tem de típico frente a racismo saxônico seu caráter assimilacionista e caldeador. Só se admite o índio e o negro como matéria-prima pra fazer mais mestiços que melhorem sempre mais pelo esbranquiçamento, até virarem brancos totais. É, ainda aqui, o ideal europeu da branquitude que opera como motivador. O preconceito saxão, ao contrário, não quer saber de mestiçagem nenhuma. Detesta mulatos como encarnações vivas dos feios pecados da sexualidade inter-racial.

Se o nosso conduz à confluência, o deles conduz à intolerância e ao apartamento. No mundo latino-americano, um mulato claro já é branco, principalmente se for rico. Neste caso, mesmo preto é tido e tratado quase como branco. O deles quer ver e reter como negro e inferior quem tenha sequer uma gota de sangue negro ou índio. Ambos são preconceitos detestáveis, mas o deles é ainda pior.

O segundo contrabando ideológico do eurocentrismo se refere à suposta qualidade diferencial da civilização ocidental, que seria sua criatividade. Esta visão faz figurar como intrinsecamente europeus os avanços materiais da civilização. De fato, eles são criações culturais humanas, alcançadas no curso da evolução pela exploração das limitadas potencialidades do mundo material. Ao surgirem, ocasionalmente na Europa, se impregnaram, porém, de europeidade. Daí o equívoco de considerar que fontes de energia, processos mecânicos ou técnicas possam ser tidos como inerentes a uma civilização.

Esta ideia é tão idiota como a de se achar que a gasolina é cristã ou que a eletricidade é inglesa. Elas são conquistas da evolução humana, adotáveis por qualquer sociedade que viva a nível de civilização. Podem, inclusive, fortalecer sua autonomia cultural e defender sua identidade étnica. Isto só não ocorre quando estes bens ingressam como mercadoria dentro do sistema imperialista de intercâmbio desigual, montados para explorar e subjugar um povo. A tecnificação do sistema produtivo chinês já não os está ocidentalizando. Ao contrário, está é lhes dando condições de lavar-se das impregnações europeias para serem mais majestosamente chineses.

Outro vezo etnocêntrico, este mais vetusto, é o de olhar como um caso de benignidade humanística a expansão de cristandade. Na forma salvacionista e cruzada que ela assumiu nas Américas, tanto na sua vertente católica como na protestante, cristanizar significou sempre subjugar povos a ferro e fogo, com a perseguição e destruição implacável de toda a religiosidade anterior e a construção sobre ela de portentosos aparatos físicos e espirituais de afirmação de igrejas triunfantes.

Não tem paralelo o furor intolerante desta cristandade messiânica. Ela contrasta gritantemente com os panteãos greco-romanos, tão propícios à assimilação de deuses alheios. Contrasta flagrantemente até com os próprios *chihad* muçulmanos. Uma vez completada a conquista, o Islã nunca se preocupou em converter os infiéis, o que queria deles eram impostos.

Só recentemente, com João XXIII, a Igreja Católica começou a entregar-se a exames de consciência sobre sua servidão aos ricos, seu reacionarismo e seu papel etnocida, lamentando lamuriosamente tão feios pecados. Os protestantes, ao contrário, persistem inscientes em seu triste papel de agentes da ocidentalização. São tão infiéis aos povos que doutrinam que chegam às vezes às raias do genocídio. Vêem, por exemplo, terras de índios sendo usurpadas sem mover uma palha, seja para não desgostar o governo, seja para não desagradar aos fazendeiros.

O BRASIL COMO PROBLEMA

Ao longo dos séculos, viemos atribuindo o atraso do Brasil e a penúria dos brasileiros a falsas causas naturais e históricas, umas e outras imutáveis. Entre elas, fala-se dos inconvenientes do clima tropical, ignorando-se suas evidentes vantagens.

Acusa-se, também, a mestiçagem, desconhecendo que somos um povo feito do caldeamento de índios com negros e brancos, e que nos mestiços constituímos o cerne melhor de nosso povo.

Também se fala da religião católica como um defeito; sem olhos para ver a França e a Itália, magnificamente realizadas dentro dessa fé.

Há quem se refira à colonização lusitana, com nostalgia por uma mirífica colonização holandesa. É tolice de gente que, visivelmente, nunca foi ao Suriname.

Existe até quem queira atribuir nosso atraso a uma suposta juvenilidade do povo brasileiro, que ainda estaria na minoridade. Esses idiotas ignoram que somos cento e tantos anos mais velhos que os Estados Unidos.

Dizem, também, que nosso território é pobre — uma balela. Repetem, incansáveis, que nossa sociedade tradicional era muito atrasada — outra balela. Produzimos, no período colonial, muito mais riqueza de exportação que a América do Norte e edificamos cidades majestosas como o Rio, a Bahia, Recife, Olinda, Ouro Preto, que eles jamais conheceram.

Trata-se, obviamente, do discurso ideológico de nossas elites. Muita gente boa, porém, em sua inocência, o interioriza e repete. De fato, o único fator causal inegável de nosso atraso é o caráter das classes dominantes brasileiras, que se escondem atrás desse discurso. Não há como negar que a culpa do atraso nos cabe é a nós, os ricos, os brancos, os educados, que impusemos, desde sempre, ao Brasil, a hegemonia de uma elite retrógrada, que só atua em seu próprio benefício.

O que temos sido, historicamente, é um proletariado externo do mercado internacional. O Brasil jamais existiu para si mesmo, no sentido de produzir o que atenda aos requisitos de sobrevivência e prosperidade de seu povo. Existimos é para servir a reclamos alheios. Por isso mesmo, o Brasil sempre foi, ainda é, um moinho de gastar gentes. Construímo-nos queimando milhões de índios. Depois, queimamos milhões de negros. Atualmente, estamos queimando, desgastando milhões de mestiços brasileiros, na produção não do que eles consomem, mas do que dá lucro às classes empresariais.

Não nos esqueçamos de que o Brasil foi formado e feito para produzir pau-de-tinta para o luxo europeu. Depois, açúcar para adoçar as bocas dos brancos e ouro para enriquecê-los. Após a independência, nos estruturamos para produzir algodão e café. Hoje, produzimos soja e minério de exportação. Para isso é que existimos como nação e como governo, sempre infiéis ao povo engajado no trabalho, sofrendo fome crônica, sempre servis às exigências alheias do mercado internacional.

O mercado internacional, que nos viabiliza no plano econômico, é a peia que nos ata ao cativeiro e à pobreza. É necessário que seja assim? Por que outros povos que, no passado, foram mais pobres e menos ilustrados, como é o caso dos Estados Unidos, nos passaram à frente?

Qual é a causa real de nosso atraso e pobreza? Quem implantou esse sistema perverso e pervertido de gastar gente para produzir lucros e riquezas de uns poucos e pobreza de quase todos?

Como uma das principais nações pobres do mundo, estamos desafiados, até internacionalmente, a buscar e encontrar caminhos de superação do subdesenvolvimento autoperpetuante em que fomos todos metidos pela política econômica das potências vitoriosas no após-guerra. Tanto mais porque não há, em nenhum lugar da Terra, um modelo comprovadamente eficaz de ação contra a crise político-econômica em que estamos afundados.

O mundo subdesenvolvido tem os olhos postos em nós. Espera do Brasil alguma solução para nossos problemas comuns. Todos já suspeitam que, persistindo no papel de proletariados externos dos povos ricos, nos perpetuaremos na pobreza. Todos perguntam: como romper com essa perversão econômica e com a tragédia social que dela decorre para duas terças partes da humanidade?

É impossível nos isolarmos do mercado mundial, que nos viabiliza economicamente. Mas se é impossível o isolamento, é pelo menos suicida a postura dos que querem continuar regidos tão rigidamente pelo mercado internacional, que torna inalcançável uma prosperidade generalizável a todos os brasileiros.

O desafio que enfrentamos é, pois, o de conquistar uma nova forma de intercâmbio internacional, que não seja tão onerosa para nós. Isto importa em reordenar as forças produtivas para que elas atendam primacialmente às necessidades nacionais de prover nutrição, assistência, moradia, educação a toda a população, e à necessidade, também imperativa, de produzir divisas para atuarmos dentro do mercado mundial, comprando tecnologias.

Queremos, do capitalismo, o que ele deu à América do Norte ou à Austrália, por exemplo, como economias situadas no mercado mas sabendo tirar dele proveitos próprios. Nenhuma outra nação conseguiu tanto quanto eles e, provavelmente, só o Brasil tem condições de repetir a façanha, graças à nossa disponibilidade de recursos naturais, de terras agriculturáveis e de mão-de-obra qualificada. A tarefa deles foi bem mais simples que a nossa, porque são meros transplantes sensaborões da Europa, que limparam o seu território dos nativos e lá reconstituíram a paisagem de onde vieram. No nosso caso, trata-se de criar um Povo, Novo pela fusão de matrizes muito diferenciadas, que dará lugar a um novo gênero de sociedade.

Nossas potencialidades vem sendo coactadas, de um lado, pela armadilha em que caímos ao aceitar formas de intercâmbio internacional que nos empobrecem. Isso era inevitável, porque partimos da condição de um proletariado externo, cuja mão-de-obra não existia para si mas para produzir gêneros exportáveis. Nossas classes dominantes só sabiam mesmo fazer isso, porque eram, de fato, representantes locais do mercado internacional. De outro lado, vêm sendo coactadas pelo monopólio da terra e sua consequência principal, que foi a urbanização caótica, devida ao translado de 100 milhões de brasileiros para a vida famélica das cidades. Essa massa humana, que é a parte substancial de nosso povo, jamais terá acesso aos bens da civilização enquanto nossa economia estiver enquadrada nas diretrizes que as elites nos impõem.

CAUSAS E CULPA

Vivemos, nós brasileiros, uma conjuntura trágica. O próprio destino nacional está em causa e é objeto de preocupação da cidadania mais lúcida e responsável. O aspecto mais grave e inquietante da crise que atravessamos é de natureza política.

Frente a ela, as diretrizes econômicas, postas em prática por sucessivos governos, se caracterizam por uma incrível teimosia na manutenção de uma institucionalidade fundiária que condena o povo ao desemprego e à fome, pela mais crua insensibilidade social, por um servilismo vexatório diante de interesse alheios e pela mais irresponsável predisposição a alienar as principais peças constitutivas do patrimônio nacional.

Outra característica é sua animosidade frente ao Estado, visto como a fonte de todos os males. Será assim? Onde, nesse mundo, uma economia nacional floresceu sem um Estado que a conduzisse a metas prescritas? Onde estão esses empreendedores privados cuja sanha de lucrar promoveria o progresso nacional? Crerão esses fanáticos do neoliberalismo que o estado gerencial das multinacionais — que são entre nós o setor predominante das classes empresariais — se comove pelo destino nacional?

O que cumpre fazer em nosso País não é nenhuma modernização reflexa, destas que atualizam um sistema produtivo apenas para fazê-lo mais eficaz no papel de provedor de bens para o mercado mundial. É, isto sim, um salto evolutivo à condição de economia autônoma que exista e viva para si mesma, isto é, para seu povo. Para tanto, temos é que nos associar aos outros povos explorados, para denunciar e pôr um termo à ordem econômica vigente que faz os povos pobres custearem a prosperidade dos povos ricos através de um intercâmbio internacional gritantemente desigual.

Sobre essas bases é que se tem, necessariamente, de formular nosso projeto próprio de integração do Brasil na civilização pós-industrial, sempre atentos aos interesses nacionais, priorizando sempre o desenvolvimento social, ou seja, os interesses populares. A via da modernização reflexa pelo desenvolvimento dependentes só nos faria fracassar na civilização emergente, tal como fracassamos ao nos integrarmos, por este mesmo caminho, à civilização industrial.

Nós, e só nós, brasileiros, podemos definir esse projeto do Brasil que queremos ser. Não será, obviamente, o Brasil desejado pela minoria próspera que está contentíssima com o Brasil tal qual é, e que só quer mais do que já tem. Mas o Brasil dos explorados e oprimidos que o modelo econômico vigente já levou a níveis incomprimíveis de miséria e desespero.

Nunca faltaram vozes de denúncia desse caráter cruel de nossa sociedade. Inclusive vozes de reconhecimento de que é à nossa elite que temos de debitar o desempenho medíocre do Brasil na civilização vigente. Cabe agora, à nossa geração perguntar que culpa temos, enquanto classe dominante, no sacrifício e no sofrimento do povo brasileiro. Somos inocentes? Quem, letrado, não tem culpa neste País dos analfabetos? Quem, rico, está isento de responsabilidades neste País da miséria? Quem, saciado e farto, é inocente neste nosso País da fome? Somos todos culpados.

Nossos maiores, primeiro, nós próprios, depois, urdimos a teia inconsútil que é a rede em que nosso povo cresce constrangido e deformado. A característica mais nítida da sociedade brasileira é a desigualdade social que se expressa no altíssimo grau de irresponsabilidade social das elites e na distância que separa os ricos dos pobres, com imensa barreira de indiferença dos poderosos e de pavor dos oprimidos.

Nada do que interessa vitalmente ao povo preocupa de fato à elite brasileira. A quantidade e a qualidade da alimentação popular não podia ser mais escassa, nem pior. A qualidade de nossas escolas, a que o povo tem acesso, é tão ruim, que elas produzem de fato mais analfabetos que alfabetizados.

Os serviços de saúde de que a população dispõe são tão precários que epidemias e doenças já vencidas no passado voltam a grassar, como ocorre com a tuberculose, a lepra, a malária e inumeráveis outras.

A solução brasileira para a moradia popular, na realidade das coisas, é a favela ou o mocambo. Não conseguimos multiplicar nem mesmo essas precaríssimas casinhas de marimbondo dos bancos da habitação e das caixas econômicas.

Nossa elite, bem nutrida, olha e dorme tranquila. Não é com ela. Desafortunadamente, não é só a elite que revela essa indiferença fria ou disfarçada. Ela se espraia por toda a opinião pública, como uma hedionda herança comum de séculos de escravismo, enormemente agravada pela perpetuação da mesma postura ao longo de toda a república.

A triste verdade é que vivemos em estado de calamidade, indiferentes a ele porque a fome, o desemprego e a enfermidade não atingem os grupos privilegiados. O sequestro de um rapaz rico mobiliza mais os meios de comunicação e o Parlamento do que o assassinato de mil crianças, o saqueio da Amazônia, ou o suicídio dos índios. E ninguém se escandaliza, nem sequer se comove com esses dramas.

A imprensa só protesta mornamente e o faz quando ecoa o que se divulga lá fora. Parece haver-se rompido o próprio nervo ético da nossa imprensa, que no deu, no passado, tantos jornalistas cheios de indignação em campanhas memoráveis de denúncia de toda sorte de iniquidade. Hoje, quem determina o que se divulga, e com que calor se divulga qualquer coisa não são os jornalistas, é o caixa, é a gerência dos órgãos de comunicação. E esta só está atenta às razões do lucro.

O que foi feito para pôr cobro a essa situação de calamidade? Na realidade dos fatos, nada foi feito. A vozes e o poderio dos que defendem os interesses do privatismo e as razões do lucro sobrepujam o clamor pelo atendimento das necessidades mais elementares do povo brasileiro.

Nada é mais espantoso em nossos dias do que o fato de que quase ninguém se rebele contra o horror da paisagem humana do Brasil. Estamos matando, martirizando, sangrando, degradando, destruindo nosso povo! O conjunto das instituições públicas e das empresas privadas dessa nossa ingrata Pátria brasileira dos anos 90, o que faz, efetiva e eficazmente, é gastar o único bem que resultou de nossos séculos de triste história: o povo brasileiro.

Somos, hoje, uma parcela ponderável da humanidade. Somamos mais de cento e sessenta milhões de brasileiros. Seríamos uma latinidade nova e louçã se alcançássemos coisas tão elementares como todo brasileiro comer todo dia, toda pessoa ter acesso a um emprego e toda criança progredir na escola. Mas não há nada disso. Nem há qualquer perspectiva de que isso se alcance em tempos previsíveis, pelos caminhos que vimos trilhando.

O lamentável é que temos tudo de que se necessita para que floresça no Brasil uma civilização bela e solidária. Herdamos uma das províncias maiores, mais belas e ricas do planeta. Somos um povo movido por uma incansável vontade de viver e de trabalhar, ativado pelo desejo mais intenso de felicidade, animado por uma alegria inverossímil para quem enfrenta tanta miséria. Contamos, ainda, com um corpo de empresários e de técnicos motivados e qualificados para a empresa de auto-superação que o Brasil tem que realizar.

Seremos impotentes para realizar as potencialidade de nossa terra e de nosso povo? É mesmo inevitável que continuemos enriquecendo os ricos e empobrecendo os pobres? Existe, por aí, algum projeto nacional alternativo, já formulado, que nos dê garantia de redenção?

Reiterar na rota política e no modelo de ação econômica que praticamos só nos dá segurança de perpetuação do atraso e até mesmo de genocídio, ou seja, de matança intencional do povo brasileiro, que é o que está em curso.

A ordem econômica vigente nada mais tem a dar ao Brasil, senão miséria e mais miséria. O modelo de capitalismo que se viabilizou entre nós — aliás, muito lucrativo — é impotente para criar uma prosperidade generalizável a todos os brasileiros.

GENOCÍDIO – ESTAMOS MATANDO NOSSO POVO

A situação do Brasil é tão grave que só se pode caracterizar a política econômica vigente como genocida. Estão matando nosso povo. Estão minando, carunchando a vida de milhões de brasileiros. Desnutrida, desfibrada, nossa gente acabará se tornando mentalmente deficiente para compreender seu próprio drama e fisicamente incapacitada para o trabalho no esforço de superação do atraso.

Vivemos um processo genocida. O digo com dor, mas com o senso de responsabilidade de um brasileiro sensível ao drama do nosso povo. O digo, também, como antropólogo habituado a examinar os dramas humanos.

Vivemos, com efeito, um processo genocida que faz vítimas preferenciais entre as crianças, os velhos e as mulheres; entre os negros, os índios e os caboclos.

Quantas crianças brasileiras morrem anualmente de fome, de inanição ou vitimadas por enfermidades baratas, facilmente curáveis? Estatísticas estrangeiras, cautelosas, falam de meio milhão. Estatísticas nacionais, menos cautas, contam mais de oitocentas mil. Quantas serão essas crianças que poderiam viver, e morreram? Cada uma delas nasceu de uma mulher, foi amada, acariciada numa família, deu lugar a sonhos e plano, nos dias, nas horas, nas semanas, nos meses, nos breves anos de sua vida parca. Seguindo a tradição, muita mãe chorou resignada, achando que melhor fora que Deus levasse sua cria do que a deixar aqui nesse vale de lágrimas.

Sobre este drama tão brasileiro, se alça outro ainda maior. Impensável há uns poucos anos. Indizível. Refiro-me ao assassinato de crianças por aparatos para policiais. Uma vez, quando chegava do exílio, vendo a miséria que se estendeu sobre o País, multiplicando trombadinhas, previ, horrorizado, que acabaríamos por ter uma guerra das Forças Armadas contra os pivetes.

Essa guerra atroz está em curso. Não é ainda uma operação militar das Forças Armadas. Mas é já uma guerra cruenta contra a infância e a juventude pobres, travada por organizações paramilitares clandestinas. Consentidas pelo Governo. Ignoradas pela justiça. Apoiadas por pequenos empresários assustados e por pessoas que se sentem inseguras, essas organizações crescem, aliciando combatentes, vale dizer, criminosos, para a triste tarefa de estancar a vida de milhares de crianças e jovens vistos como perigosos.

Quantos jovens estamos matando a tiros cada ano? Ignoramos! Os números internacionalmente difundidos e que nossa imprensa repete falam de um pouco mais de quinhentos nas principais cidades. Mas todos sabemos que seu número é muitíssimo maior.

Outras vítimas desse genocídio são as mulheres brasileiras, mortas em abortos malconduzidos. Também não sabemos contar os números espantosos dessas brasileiras, morrendo ou se inutilizando no esforço de não ter mais filhos. Quem assume a culpa de suas mortes e do sofrimento de tantíssimas delas que, malcuidadas, levam, vida afora, suas genitálias rotas e estropiadas? Não há aqui um feio crime de conivência de quantos condenam o aborto à clandestinidade?

Pior ainda que esse genocídio, mil vezes pior para o destino de nosso povo, é o caso daquelas mulheres, milhões delas, induzidas a esterilizar-se em programas sinistros de contenção da natalidade. Está em curso, em nossa Pátria, todo um enorme e ricamente financiado programa internacional clandestino de controle familiar pela esterilização das mulheres pobres, sobretudo das pretas e mestiças. Seu êxito é tamanho que se avalia já, oficialmente, com número do IBGE, em 44% as mulheres brasileiras em idade fecunda já esterilizadas. Castradas.

Esse número espantoso faz temer que já não sejamos capazes nem mesmo de repor a população que temos. Acaso a população brasileira excede aos recursos de nosso território? Não! Decisivamente não. Nosso território fértil é maior que o dos Estados Unidos e a população deles é o dobro da nossa. Temos, portanto, ampla possibilidade de aumentar a nossa participação no gênero humano. O que excede no Brasil é a população marginalizada e excluída da força de trabalho pelo desemprego generalizado, provocado pelo sistema econômico vigente, fundado na precedência do lucro sobre a necessidade.

Mas há quem saiba muito bem quantos brasileiros, a seu juízo, devem existir no ano 2050. Não só sabe, como atua para que esse medonho número desejável deles se cumpra sobre nós, Organizações estrangeiras e internacionais, atuando criminosamente em nosso País, já esterilizaram mais de sete milhões de brasileiras.

Fazem-no através de médicos subornados que induzem suas clientes a permitir que lhes seccionem as trompas no curso de partos, realizados através de cesarianas. O Brasil, para escândalo mundial e vergonha nossa, é o País em que mais se realizam esses partos cirúrgicos. É, também aquele em que mais vezes se utiliza desse procedimento para esterilizar mulheres.

São nacionais os tristes dinheiros desse suborno? Quem aprovou, neste País, tal política demográfica? Que instituição suficientemente autorizada e responsável decidiu quantos brasileiros existirão no futuro? Alguém, clandestinamente, decidiu e está aliciando os capadores de mulheres Brasil adentro.

Quem ponderou sobre os convenientes ou os inconvenientes de deixarmos de ser uma população majoritariamente juvenil, para sermos uma população majoritariamente senil? O que se está fazendo ao esterilizar tão grande parcela de nossa população feminina é forçar a optação por uma maioria de idosos.

Nosso povo preservará, depois dessa drástica cirurgia, a vitalidade indispensável para sair do atraso ou estará condenado a afundar cada vez mais no subdesenvolvimento? Quem está interessado em que o Brasil seja capado e esterilizado? Serão brasileiros?

INDIGNAÇÃO

Sou um homem de causas. Vivi sempre pregando e lutando, como um cruzado, pelas causas que me comovem. Elas são muitas, demais: a salvação dos índios, a escolarização das crianças, a reforma agrária, o socialismo em liberdade, a universidade necessária. Na verdade, somei mais fracassos que vitórias em minhas lutas, mas isto não importa. Horrível seria ter ficado ao lado dos que nos venceram nessas batalhas.

Tudo que diz respeito ao humano, suas vidas, suas criações, me importam supremamente. Dentro do humano, o povo brasileiro, seu destino, é o que mais me mobiliza. Nele, a ínvia indianidade brasileira, que consegue milagrosamente sobreviver. Mas, sobretudo, a massa de gente nossa, ainda em fusão, esforçando-se para florescer numa nova civilização tropical, mestiça e alegre.

Acho que aprendi isso, ainda muito jovem, com os antigos comunistas. Imbatíveis em sua predisposição generosa de se oferecerem à luta, por qualquer causa justa, sem mais querer que o bem geral. Estou certo de que a dignidade, e até o gozo de viver que tenho, me vêm dessa atitude básica de combatente de causas impessoais. Tanto, que me atrevo a recomendar duas coisas aos jovens ele hoje. Primeiro, que não respeitem seus pais, porque estão recebendo, como herança, um Brasil muito feio e injusto, por culpa deles. Minha também, é claro. Segundo, que não se deixem subornar por pequenas vantagens em carreirinhas burocráticas ou empresarial pelo dinheirinho ou dinheirão que poderiam render. Mais vale ser um militante cruzado, acho eu.

Vejo os jovens de hoje esvaziados de juventude. enquanto flama, combatividade e indignação. Deserdados do sentimento juvenil de solidariedade humana e de patriotismo e de orgulho por nosso povo. Incapacitados para assumir as carências dos brasileiros como defeitos próprios e sanáveis de todos nós. Ignorantes de que o atraso, a fome e a pobreza só existem e persistem, entre nós, porque são lucrativos para uma elite infecunda e cobiçosa de patrões medíocres e de políticos corruptos.

Afortunadamente, podemos nos orgulhar de muitos jovens brasileiros que são o sêmen de nosso povo sofredor. Sem eles, nossa Pátria estaria perdida. É indispensável, porém, ganhar a totalidade da juventude brasileira para si mesma e para o Brasil. O dano maior que nos fez a ditadura militar, perseguindo, torturando e assassinando os jovens mais ardentemente combativos da última geração, foi difundir o medo, promover a indiferença e a apatia. Aquilo de que o Brasil mais necessita, hoje, é de uma juventude iracunda, que se encha de indignação contra tanta dor e tanta miséria. Uma juventude que não abdique de sua missão política de cidadãos responsáveis pelo destino do Brasil, porque sua ausência é imediatamente ocupada pela canalha.

Talvez eu veja tanto desencantamento, onde o que há é apenas o normal das coisas ou o sentimento do mundo que corresponde às novas gerações. Talvez seja assim, mas isso me desgosta muito. Desgosta, principalmente, porque sinto no fundo do peito que é obra da ditadura militar tamanha juventude abúlica, despolitizada e desinteressada ele qualquer coisa que não corresponda ao imediatismo de seus interesses pessoais. É por isso que não me canso de praguejar e xingar, exaltado, dizendo e repetindo obviedades. Sobretudo, quando falo à gente jovem, em pregações sobre valores que considero fundamentais e que não ressoam neles como eu quisera.

Primeiro de tudo, o sentimento profundo de que esse nosso paisão descomunal e esse povão multitudinário, que temos e somos, não nos caiu ao acaso, nem nos veio de graça. É fruto e produto de séculos de lutas e sacrifícios de incontáveis gerações. O território brasileiro é do tamanho que é graças à obsessão portuguesa de fronteira, impressa neles por um milênio de resistência, para não serem absorvidos pela Espanha, como ocorreu com todos os outros povos ibéricos. Desde os primeiros dias de nosso fazimento estava o lusitano preocupadíssimo em marcar posses, gastando nesse esforço gerações de índios e caboclos que nem podiam compreender que nos faziam.

Meu apego apaixonado pela unidade nacional começa pela preservação desse território como a base física em que nosso povo viverá seu destino. Encho-me da mais furiosa indignação contra quem quer que manifeste qualquer tendência separatista. Acho até que não poderia nunca ser um ditador, porque mandaria fuzilar quem revelasse tais pendores.

Outro valor supremo, e até sagrado, que quero comunicar à juventude, é o sentimento de responsabilidade pelo atroz processo de fazimento de nosso povo, que custou a vida e a felicidade de tantos milhões de índios caçados nas matas e de negros trazidos de África, para serem desgastados no moinho brasileiro de gastar gente. Nós viemos dos zés-ninguém gerados pela índia prenhada pelo invasor ou pela negra coberta pelo amo ou pelo feitor. Aqueles caboclos e mulatos, já não sendo índios nem africanos e não sendo também admitidos como europeus, caíram na ninguendade. A partir desta carência de identificação étnica é que plasmaram nossa identidade ele brasileiros. Fizeram-no um século depois, quando, através dos insurgentes mineiros, tomamos consciência de nós brasileiros como um povo em si, aspirando a existir para si.

Surgimos, portanto, como um produto inesperado e indesejado do empreendimento colonial que só pretendia ser uma feitoria A empresa Brasil se destinava era a prover o açúcar de adoçar boca de europeu, o ouro de enricá-los e, depois, minerais e quantidades de gêneros de exportação. Éramos, ainda somos, um proletariado externo aqui posto para servir ao mercado mundial. Criá-lo foi a façanha e a glória das classes dominantes brasileiras, cujo empenho maior consistia, e ainda consiste, em nos manter nessa condição.

Foi sobre esse Povo-Nação, já constituído elevado à independência com milhões de caboclos e mulatos, que se derramou a avalanche europeia quando seus trabalhadores se tornaram descartáveis e disponíveis para a exportação como imigrantes. Os melhores deles se identificaram com o povo antigo da terra e até se tornaram indistinguíveis de nós, por sua mentalidade, língua, cultura e identificação nacional. Ajudaram substancialmente a modernizar o País e a fazê-lo progredir, gerando uma prosperidade ampliada, ainda que muito restrita, e que beneficiou principalmente aos recém-vindos.

É de lamentar, porém, que vez por outra surja, entre eles, uns idiotinhas alegando orgulhos de estrangeiridade. O fazem como se isso fosse um valor, mas principalmente porque estão predispostos seja a quebrar a unidade nacional em razão de eventuais vantagens regionais, seja a retornarem eles mesmos para outras terras, como fizeram seus avós. Afortunadamente, são uns poucos. Com um pito se acomodam e se comportam. Compreendem, afinal, que não há nesse mundo glória maior que participar da criação, aqui, da civilização bela e justa que havemos de ser.

Tal como ocorreu com nossos antepassados, hoje, o Brasil é nossa tarefa, essencialmente de vocês, meus jovens. A história está a exigir de nós que enfrentemos alguns desafios cruciais que, em vão, tentamos superar há décadas. Primeiro que tudo, reformar nossa institucionalidade para criar aqui uma sociedade de economia nacional e socialmente responsável, a fim de alcançarmos uma prosperidade generalizada a todos os brasileiros. O caminho para isso é desmonopolizar a propriedade da terra, tirando-a das mãos de uma minoria estéril de latifundiários que não plantam nem deixam plantar. Eles são responsáveis pelo êxodo rural e o crescimento caótico de nossas cidades e, consequentemente, pela fome do povo brasileiro. Fome absolutamente desnecessária, que só existe e só se amplia porque se mantém uma ordem social e um modelo econômico compostos para enriquecer os ricos, com total desprezo pelos direitos e necessidades do povo.

Simultaneamente, teremos de derrubar o corpo de interesses que nos quer manter atados, servilmente ao mercado mundial, exigindo privilégios aos estrangeiros e a privatização das empresas que dão ser e substância à economia nacional, para manter o Brasil como o paraíso dos banqueiros. Não se trata de criar aqui nenhuma economia autárquica, mesmo porque nascemos no mercado mundial e só nele sobreviveremos. Trata-se é de deixar de ser um reles proletariado externo para ser um povo que exista para si mesmo, ocupado primacialmente em promover sua própria felicidade.

Essas lutas só podem ser travadas, com chance de vitória, desmontando a ordem política e o sistema econômico vigentes. Seu objetivo expresso é preservar o latifúndio improdutivo e aprofundar a dependência externa para manter uma elite rural esfomeadora e enriquecer um empresariado urbano servil a interesses alheios. Todos eles estão contentes com o Brasil tal qual é. Se não anularmos seu poderio, eles farão do Brasil do futuro o País que corresponda aos interesses dos países que no exploram.

Nestas singelas proposições se condensa, para mim, o que é substancial da ideologia política que faz dos brasileiros, brasileiros dignos. Tais são o zelo pela unidade nacional; o orgulho de nossa identidade de povo que se fez a si mesmo pela mestiçagem da carne e do espírito; a implantação de uma sociedade democrática, onde imperem o direito e a justiça para todos; a democratização do acesso à terra para quem nela queira morar ou cultivar; a criação de uma economia industrial autônoma como o são todas as nações desenvolvidas.

Eis o que peço a cada jovem brasileiro: repense estas ideias, reavalie estes sentimentos e assuma, afinal, uma posição clara e agressiva no quadro político brasileiro.

ABRA OS OLHOS, LEITOR

É tempo já de se lavar os olhos do mundo para ensiná-lo a nos ver no que nós somos, sem nos esconder atrás de estereótipos. A ideia de uma América Latina da *siesta* e da *fiesta*, do machismo, dos ditadores vocacionais, da *sombra* e *água fresca* e de uma indolência doentia tem a mesma função do racismo. É escamotear a realidade da dominação colonial e classista.

Mais horas de descanso para o almoço eu vi na Holanda ou na Itália do que vejo aqui. A larga e afrodisíaca festa europeia das férias de verão não tem, lamentavelmente, nenhum equivalente por cá. Não conseguem é ser tão criativas, vivazes e belas como nossas festinhas.

Sobre a propalada preguiça latino-americana, deixe-me dizer-lhe que um operário da Volkswagen do México ou de São Paulo trabalha o mesmo ou mais que seu colega alemão, ganhando um salário cinco vezes menor. Os diretores e gerentes de cá é que ganham dez vezes mais que os de lá. O mesmo ocorre com o boia-fria do Paraná ou o vaqueiro da Bahia, que trabalham mais do que qualquer peão do Texas ou camponês galo, labutando em condições muitíssimo piores e ganhando dez vezes menos.

— Onde está nossa preguiça?

A preguiça entre nós, como a luxúria e o dengo, nunca foi coisa de negro nem de índio ou de mulato e nem mesmo de ranço pobre. É a fatia do branco rico, a mais gostosa de suas muitas regalias.

Uns poucos méritos que habitualmente se reconhecem em nós, latino-americanos, são logo degradados pelo espírito depreciativo com que se expressam. Esse é o caso, entre outros, da nossa música popular sabidamente bela, rítmica e vibrante, que devemos à veia criativa africana. Apesar de gabada, ela nos é mais vezes debitada do que creditada, como ocorre quando nos figuram como os insaciáveis dançadores de sambas, rumbas e boleros.

Alguns defeitos nos são atribuídos com carradas de razão. Entre eles o machismo. É verdade que muito temos pecado de machismo, mas nossas mulheres nos vêm reeducando com rigor para que, continuando a ser quentes e amorosos, sejamos cooperativos e cordatos e, se possível, até fiéis.

O mandonismo caudilhesco que também nos atribuem não é coisa nossa; pelo menos não é debitável ao povo latino-americano. Ele é que sofreu e sofre na carne a boçalidade dos régulos escravistas, coloniais ou multinacionais que a civilização europeia e sua filial ianque nos impõem como seus servidores mais fiéis. Cardenas, Allende ou Fidel não se parecem com nenhum caudilho.

Abra os olhos e o entendimento, leitor, para outra revelação. Ditadores tropicais sanguinários, como Somoza, Trujillo e Batista, são criaturas que Washington criou, amestrou e nos impôs para perpetuar o domínio ianque sobre as "repúblicas de bananas" que mantêm no Caribe. Elas são a expressão política natural e necessária da apropriação das terras pelas empresas norte-americanas produtoras de frutas de exportação. Se você duvida, olhe um pouco para a Nicarágua, El Salvador e a Guatemala e se pergunte quem é que quer reter a lucrativa tradição bananeira? Quem é que cria, ceva e perpetua ditaduras no Caribe?

As novas ditaduras militares do Brasil, da Bolívia, do Chile e da Argentina são também criações norte-americanas. São o correspondente político inevitável do domínio de nossa economia pelas corporações transnacionais, que, não podendo ser legitimado pelo voto popular, tem que ser imposto pela mão de governos militares.

Cada uma delas nos foi imposta através de movimentos programados cuidadosamente em Washington — com a ativa participação internacional — de desestabilização de governos democráticos e progressistas, seguidos da apropriação do poder através de golpes de militares ianquizados. Uma vez implantada a nova ordem, seus mandantes atenderam solícitos a voz do amo. Redefiniram toda a política salarial para anular as conquistas sociais dos trabalhadores e impor regimes de medo e de fome. Logo após, com o mesmo denodo, revogaram por decreto a legislação de defesa dos interesses nacionais, para que as empresas multinacionais se apropriassem de nossos recursos e mercados. Em consequência, nos converteram em exportadores de capitais que mandam para fora lucros cada vez maiores, ao mesmo tempo em que assumimos uma dívida externa que cresce astronomicamente.

Preste atenção, aliás, para um detalhe expressivo. Alguns desses ditadores novos da América Latina têm nomes que para nós soam tão bizarros como Geisel, Médici, Stroessner, Pinochet, Banzer, etc. Serão os filhos exitosos dos imigrantes que acolhemos? Ingratos! Nenhum deles, por ser europoide, teve qualquer escrúpulo em adotar e até aprofundar a boçalidade do estilo ditatorial latino-americano.

Nessa altura você concordará comigo no quanto é duvidoso que o projeto de futuro que as nações ricas têm para nós seja alguma liberação. Sabidamente eles querem e necessitam de nossos produtos de exportação e de nossa mão de obra barata para com eles se prover e lucrar. Se acalentam algum sonho para nós, este será tão feio como o de fazer da América Latina do futuro um imenso Porto Rico, a fim de estrelar e encher de riscos novos uma nova bandeira norte-americana. Doce sonho de tarados.

Nosso próprio projeto é outro, que fomos e somos impedidos de realizar. Para evitá-lo é que dopam exércitos, subornam políticos, falem empresários. Mas não ficam nisso, entrando a perseguir, prender, exilar, cassar, torturar e matar quando se sentem ameaçados em seus privilégios.

Uma amostra do que poderia vir a ser amanhã uma América Latina estruturada para si mesma em democracia e liberdade, como queria Salvador Allende, hoje só nos dá Cuba. Apesar do cerco e do boicote ianque, lá todos comem todo dia, toda criança tem escola, completa o primário e muitas vão adiante.

Mas isso não é tudo. Importante mesmo, belo até, é o papel internacional que Cuba hoje desempenha. Incontestavelmente muito mais importante do que o de toda a América Latina junta. Dez milhões de cubanos, frente a trinta milhões de argentinos parvos, sessenta milhões de mexicanos frouxos, cento e 120 milhões de brasileiros tíbios ou do total de quatrocentos milhões de latino-americanos insignificantes, é que nos dão a voz e a presença generosa que quiséramos ter, liberando Áfricas. Até o governo brasileiro, tão reacionário, tem de aprovar a presença de soldados cubanos em Angola porque só eles, ali e alhures, impedem a hegemonia "africâner" que perpetuaria, agravada, a brutalidade do colonialismo europeu.

Imagine comigo, leitor, o que será no ano 2000 uma América Latina que valha cinquenta Cubas de poderio e garra como presença calorosa neste mundo necessitado de ousadias libertárias. Não é impossível nem que o Terceiro Mundo vire o primeiro.

Hegel, que não entendeu nunca os povos americanos, mas tinha estalos de gênio, disse uma vez que a América, país do porvir, alcançaria sua importância histórica através de uma guerra entre a América do Norte e a América do Sul. Não sei se precisamos de mais guerra do que a suja guerra indeclarada que eles travam contra nós. Sei apenas que, uma vez liberados da opressão imperialista, nós floresceremos, e eles também serão melhores, porque estarão livres do feio papel anti-histórico que hoje encarnam.

Vá se acostumando, leitor, com a ideia de que vamos dar certo e de que isso fará muito bem ao mundo. Somos e nos vemos como parte da civilização ocidental. Alternos das civilizações orientais como a indiana, a chinesa, ou a japonesa. Mas bem sabemos que somos um subúrbio dela, mais distante e diferenciado dos seus orgulhosos núcleos cêntricos do que os soviéticos, além de imensamente menos importantes.

Pouca ou nenhuma consciência temos, ainda, é de que sobre nossos ombros recairá, em grande parte, a tarefa de criar uma nova ocidentalidade que seja, pela primeira vez, uma civilização humana respeitável. Entretanto, frente à hegemonia infecunda da América saxônica, que parece só preocupada em lucrar e reter a história parada; frente a uma Europa reduzida à sua expressão geográfica, dividida pela linha arbitrária das fronteiras das duas grandes potências hegemônicas e encolhida de medo da terceira guerra que estalará na véspera de sua destruição; frente a um mundo socialista impedido de realizar suas potencialidades libertárias, assoberbado que está na tarefa de manter o poder de represália com uma economia cinco vezes menor que a de seus adversários; frente a tudo isso, só vejo a nós para a tarefa urgente de humanizar nossa civilização e orientá-los por caminhos solidários que livrem os homens do medo e lhes devolvam a alegria de viver.

FONTES DOS TEXTOS

Minhas peles

Fonte: RIBEIRO, Darcy. Minhas peles. In: *O Brasil como Problema.* São Paulo: Editora Siciliano, 1990.

Fascinação

Fonte: RIBEIRO, Darcy. Cap. 4. Índios (seção: Fascinação). In: *Confissões.* São Paulo: Cia das Letras, 1997.

Exílio

Fonte: RIBEIRO, Darcy. Cap. 4. Exílio. In: *Confissões.* São Paulo: Cia das Letras, 1997.

A América Latina existe?

Fonte: RIBEIRO, Darcy. A América Latina existe?. In: *Carta: Falas, reflexões, memórias.* Brasília: Senado Federal, 1992.

Tipologia política latino-americana

Fonte: RIBEIRO, Darcy. Tipologia política latino-americana. In: *América Latina: a pátria grande.* São Paulo: Cia das Letras, 1997, p. 16-48.

Civilização, civilizações

Fontes: RIBEIRO, Darcy. *América Latina: a pátria grande.* São Paulo: Cia das Letras, 1997 (seleção de seções dos capítulos "A nação latino-americana", "Civilização e desenvolvimento" e "A civilização emergente"); RIBEIRO, Darcy. *Indignação*. In: *O Brasil como Problema*. São Paulo: Editora Siciliano, 1990.

O Brasil como problema

Fonte: RIBEIRO, Darcy. O Brasil como problema. In: *O Brasil como Problema*. São Paulo: Editora Siciliano, 1990.

Abra os olhos, leitor

Fonte: RIBEIRO, Darcy. Abra os olhos, leitor (seção de seção de cap. Civilização e desenvolvimento, p. 82-87). In: *América Latina: a pátria grande*. São Paulo: Cia das Letras, 1997.

SOBRE O AUTOR

Darcy Ribeiro nasceu em Montes Claros, Minas Gerais, em 26 de outubro de 1922. Filho de Reginaldo Ribeiro dos Santos, farmacêutico, e da professora Josefina Augusta de Silveira, conhecida como Dona Fininha. O pai faleceu quando Darcy tinha três anos de idade.

Em 1946, forma-se em Antropologia pela Escola Livre de Sociologia e Política de São Paulo, para onde havia se mudado em 1942. No ano seguinte, começa a trabalhar como etnólogo no SPI - Serviço de Proteção ao Índio. Entre 1947 e 1956, trabalha junto com Rondon com índios do Pantanal, Brasil Central e Amazônia. Em 1953, funda o Museu do Índio, no Rio de Janeiro, reconhecido pela Unesco-ONU como o primeiro no mundo contra o preconceito e com o objetivo de difundir a cultura indígena.

Em 1959, é encarregado pelo presidente Juscelino Kubitschek de planejar a Universidade de Brasília, da qual se torna o primeiro Reitor, em 1961. Entre 1962 e 1963, exerce o cargo de Ministro da Educação, e em 1963 é nomeado Chefe do Gabinete Civil da Presidência da República de João Goulart.

Em 1964, com o golpe militar, se exila no Uruguai, onde atua como professor da Universidad de La Republica. No Brasil, tem seus direitos políticos cassados pela ditadura. Em 1968, retorna ao Brasil, após ter sido absolvido pelo STF das condenações militares. Mas, com a edição do AI-5 em 13 de dezembro daquele ano, volta a ser preso e indiciado, o que o leva a um novo exílio em 1969.

Em 1971, é convidado pelo presidente chileno Salvador Allende para assessorá-lo, atuando com o professor da Universidad de Chile. Em 1972, muda-se para o Peru, onde assessora o presidente Juan Velasco Alvarado na Organização do Centro de Participação Social, patrocinado pela ONU.

Em 1974, constata em Paris um câncer no pulmão. Consegue autorização para regressar ao Brasil, para realizar uma cirugia. Após se recuperar, em 1975 viaja novamente ao Peru. Só em 1979, anistiado, retornaria definitivamente ao país natal.

Em 1982, elege-se vice-governador do Estado do Rio de Janeiro, na chapa de Leonel Brizola (PDT). Como vice-governador responde pela Secretaria de Ciência e Cultura e coordena o Projeto Especial de Educação, responsável pelo programa das escolas de horário integral, os Cieps. Inaugura em sua gestão o Sambódromo. Em 1986, candidata-se ao governo do Rio de Janeiro. Em 1990, é eleito Senador pelo PDT do Rio de Janeiro.

Em 1992, é eleito para a Academia Brasileira de Letras. Em 1994, funda a Universidade Estadual do Norte Fluminense.

Darcy Ribeiro faleceu em Brasília, em 17 de fevereiro de 1997.

BIBLIOGRAFIA SELECIONADA:

Arte Plumária dos Índios Kaapor
(com Berta Ribeiro, Civilização Brasileira, 1957)
O Processo Civilizatório
(Civilização Brasileira, 1968)
As Américas e a Civilização
(Civilização Brasileira, 1970)
Os Brasileiros 1. Teoria do Brasil
(Paz e Terra, 1972)
O Dilema da América Latina
(Vozes, 1978)
Maíra
(Brasiliense, 1976)
O Mulo
(Nova Fronteira, 1981)
Aos Trancos e Barrancos: Como Brasil Deu no que Deu
(Guanabara, 1985)
O Povo Brasileiro: Formação e Sentido do Brasil
(Cia das Letras, 1995)

SOBRE AS ILUSTRAÇÕES

Ilustrações da capa e miolo: Martius, Karl Friedrich Philipp von. Flora brasiliensis: sive enumeratio plantarum in Brasilia hactenus detectarum quas cura musei caes. reg. palat. vindobonensis suis aliorumque botaniorum studiis descriptas et methodo naturali digestas. Vindobonae, Lipsiae, Frid. Beck, 1840-1873.

O naturalista bávaro Karl Friedrich Philipp von Martius (Erlanger, Alemanha, 1794 – Munique, Alemanha, 1868) participou, em companhia do zoólogo Johann Baptist von Spix, da Missão Austríaca que chegou ao Brasil por ocasião do casamento da princesa Leopoldina com o príncipe d. Pedro em 1817. Esse historiador da natureza foi incumbido pela Real Academia de Ciências da Baviera de pesquisar a flora brasileira em toda a sua extensão. Ele descobriu a provável origem das famílias, considerando fatores climáticos e geológicos, o cultivo das plantas nativas, das introduzidas, das que se prestam para "as artes e indústria" e dos medicamentos vegetais, percorreu diversas regiões da América portuguesa, iniciando pelo

Rio de Janeiro, seguindo para Minas Gerais, Bahia, Pernambuco, Piauí, Maranhão e Belém, subindo o rio Amazonas por três anos. Dessas expedições, resultou uma coleção de vinte mil exsicatas, com cerca de 6.500 espécies de plantas, diversos espécimes zoológicos e uma expressiva reunião de artefatos indígenas. Martius produziu, entre outros escritos, uma série de textos sobre o Brasil, com destaque para o ensaio *Como se deve escrever a história do Brasil,* premiado pelo Instituto Histórico e Geográfico Brasileiro. Martius foi o responsável e primeiro editor da Flora Brasiliensis, obra em 15 volumes, produzida entre 1840 e 1906, que envolveu 65 especialistas de diversos países.

SOBRE O ORGANIZADOR

Eric Nepomuceno nasceu no Rio de Janeiro, em 1948, mas cresceu em São Paulo. Tornou-se jornalista em 1965, como revisor do jornal *O Estado de S. Paulo*. No começo da década de 1970, começou a escrever no *Jornal da Tarde*, que considera o "melhor curso possível de jornalismo". Em 1973, foi enviado como correspondente para Buenos Aires. Sem poder voltar ao Brasil, por conta da ditadura militar, trabalhou na revista *Crisis*, de Eduardo Galeano, e em 1976 foi contratado como correspondente internacional da revista *Veja*, acompanhando de perto os fatos políticos ocorridos na América Latina por mais de uma década.

Em 1986, abandonou o jornalismo diário; desde então, escreve ocasionalmente para a imprensa do Brasil, da Espanha e do México. É tradutor e contista premiado, além de autor de livros de não-ficção. Traduziu para o português obras de Julio Cortázar, Eduardo Galeano, Gabriel Garcia Márquez e Juan Carlos Onetti, entre outros. Tem contos em antologias e revistas literárias de diversos paises.

FUNDAÇÃO
DARCY RIBEIRO

Azougue Press

coordenação geral Sergio Cohn

coordenação editorial

Sergio Cohn — Darien Lamen — Cristián Jiménez Plaza

Brasil | CNPJ 12.272.339/0001-26

Portugal | NF 515805394

USA | E. Id. 803650511

Chile | tucán ediciones RUT 77.369.106-1

www.ingramcontent.com/pod-product-compliance
Ingram Content Group UK Ltd.
Pitfield, Milton Keynes, MK11 3LW, UK
UKHW051242300826
14795UKWH00020BA/573

9 788563 574022